行きたい大学へ行こう！

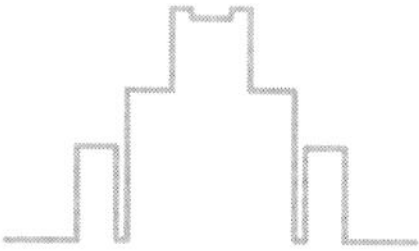

不登校からの大学受験

河合塾 COSMO

平野 稔

まえがき

18歳人口の半数以上が大学進学をする今、高校を卒業したら大学に進学することが当たり前だと考えている人は多いのではないでしょうか。特に18歳人口が減少している最近は選びさえしなければすべての人がどこかの大学には入学できる時代になってきました。そんな時代だからこそ、何らかの理由で不登校になってしまい、どのようにしたら大学進学という道に戻っていけるのか、不安を感じているお子さんや保護者の方もいらっしゃると思います。

今、私は「河合塾コスモ」という場で、高校を中退した人や通信制高校に在籍している人、卒業した人の大学進学をサポートする中で、さまざまな生徒さんと関わっています。彼らの多くは不登校を経験していて、はじめは本当に大学へ行けるのか不安に思っている子がほとんどです。しかし最近の大学の入試方式は多様化し、学力中心の一般選抜だけでなく、学力以外の要素も評価する方式が増え、それぞれが自分に合った方法で大学へ進学することができています。

本書では大学進学について書いていますが、それ以外の進路を否定しているわけではありません。例えば、将来やりたい仕事がすでに決まっていて、そのために必要な学びや資格の取得が専門学校でできるのなら、そちらに通って早く社会に出て経験を積むという選択もあるでしょう。

とはいえ、高校卒業時点で明確に将来の仕事まで見据えて何を学ぶかを決められる人は、そう多くないはずです。だからこそ、大学では自分が好きなことや興味のあることに取り組み、自信をつけて社会に出ていってほしいと思います。

保護者の方々の大学時代と比べて、最近は大学で学べることも多様化しており、将来の仕事などまだ考えられないという人であっても、自分が好きなことを学んで社会に出ていける可能性が広がってきています。

また、大学生活は就職のための単なるステップではありません。自由な時間の中で、自分が興味のあることを掘り下げることのできる貴重な機会でもあります。自分自身の大学時代を振り返ってみても、その当時は感じませんでしたが、社会に関する興味や問題意識といった、大学の学びだけでなく人との関わりを通して得られた無形のものが、今の自分のベースになっている気がします。

不登校や高校中退を経験した人にとっては、大学へ進学することが自信を回復するひとつのきっかけになるかもしれません。また、大学卒業という学歴を得ることによって、新たな道が開けることも確かです。だからこそ、さまざまな情報を得ながら、まずは自分にとって納得できる大学進学をしてほしいのです。今までの自分にとって「当たり前の進路」だから大学に行くのではなく、「今の自分にとって意味のある進路」だから大学に行く。ぜひ、そう考えてください。

本書が、自分が本当に学びたいことを見つけ、それを学ぶことができる、自分が行きたい大学を選ぶうえでの一助になれば幸いです。

第3章 通信制高校・サポート校・高認予備校を活用しよう

第4章　自分のための大学選び

第1章　不登校から大学へ

不登校・高校中退だと大学へ行けない？

「このままだったら、うちの子の将来はどうなるんだろう？」
「私たち親が死んだら、この子はどうやって生きていくんだろう？」

これは学校へ行けなくなってしまったお子さんを持つ保護者の方なら、一度は必ず考えたことがあることかもしれません。

不登校・高校中退の原因はさまざまです。さまざまというのは一人ひとり理由が違うという意味でもありますし、「勉強についていけない」「友人ともめた」「やる気が起きない」など、原因が必ずしも一つではないということです。

一人ひとり背景は異なりますが、みなさんに共通しているのは学校に行けない状態で、これからどうすればいいか分からないと悩んでいることだと思います。学校に行けなくなる前、お子さんの状態はどうだったでしょうか。友人と楽しく過ごしていたり、クラスや部活でリーダーシップをとっていたり、勉強もできて成績がよかったり、将来についてもさまざまな選択肢が見えていたかもしれません。それが学校に行けなくなったことで、思い描いていた道から外れてしまった。そして急に将来の道が分からなくなり、本人も保護者の方も大変混乱していることでしょう。

中でも中学受験をしたお子さんの場合は、将来は大学に進学することを前提に、小学校の高学年のころから塾に通うなど頑張って勉強してその学校に入ったと思います。しかし、いろいろな理由が重なって学校に行けなくなってしまった。本人はもちろんですが、保護者の方も「せっかく入ったのに…」と落ち込んでしまうのも当然のことだと思います。

そんな中で、不登校や高校中退のお子さんを持つ多くの保護者の方が「うちの子はもう大学進学は無理かもしれない…」と考えていらっしゃいます。

それは想定されるルートから外れてしまったことによる不安感だけでなく、体調や心の不安定な状況についての心配があるからだと思います。不登校・高校中退に至るまでの過程を近くで見て、傷つき、落ち込んでいるお子さんの姿を見るのはつらかったことでしょう。そして、落ち込んだ状態から少しずつ回復をして、なんとか次の道を見つけようとしている今のタイミングで大学受験の話を持ち出すと、「また体調が悪くなってしまうのではないか」「本人の気持ちを焦らせてしまうのではないか」と心配される気持ちもよく分かります。また、自分のペースで通える学校や自分らしく過ごせる場所を見つけたとしても、「〝大学進学〟〝受験〟という言葉がプレッシャーになるのでは?」と心配してしまい、どのタイミングで話をしたらよいのか分からず、これからどうしたいのか、大学進学をどうするのかなどの話を切り出すことができないという声も聞きます。

本人の状態を考えてみても、大学進学に対するモチベーションが下がってしまっているかもしれません。特に不登校・高校中退を経験した多くの子どもは、「自分の理想とする状態やこうあるべきという姿があるにも関わらず、それができていない」ということに対して自己肯定感を持てずにいます。進学校といわれる高校に入学した方でも、入学後に何でもできる周りの人たちに圧倒されて、「自分はできない」と自信を喪失してしまったり、不登校・高校中退という事実だけを捉えて、「自分はダメな人間だ」と思い込んでいるケースもあります。そのように自己肯定感が下がっている状態ですと、なかなか本人の意思で「大学へ行こう」と前向きになれず、保護者の方も本人の意思に反した行動をさせることはできないので、やはり大学進学は無理なのだろうか…という話になってしまうのです。

けれども、諦める必要はありません。

不登校・高校中退を経験した子でも、大学進学はできます。

私たちはこれまで、不登校・高校中退を経験したさまざまなお子さんたちの大学進学をサポートしてきました。

大学進学を実現するためには、一人ひとりの状態や、希望に合わせた受験方法があります。そしてさまざまな方法があるからこそ、まず、大学入試の仕組みがどうなっているのかを理解することが非常に大切です。この本の中では大学入試がどのように行われているのか、不登校・高校中退を経験した子に合った受験対策の方法を紹介していますので、さまざまな組み合わせを考えながら、お子さんに合った方法を見つけていただきたいと思います。

実はいろいろある！ 大学への道

では早速、不登校・高校中退から大学進学をかなえる方法を見ていきましょう。

まず、大学進学のためには

- **大学受験資格を得る**
- **志望校・選抜方法に合わせた対策をする**

という2つのステップが必要になります。

このステップは、どの受験方法で大学へ入る場合でも共通なのですが、多くの人たちにとってはあまりにも当たり前のことで、考えたこともないかもしれません。それは一般的なルートである全日制高校の普通科から大学進学を目指す場合、学校のシステムの中で大学進学に向かう流れができているからです。

大学受験資格については、全日制高校を卒業することで取得ができますので、学校生活を送っていけば自然と受験資格が得られるようになっています。

そして、受験対策についても同じです。大学進学を目指す生徒が多くいる学校であれば、学校の進路指導計画に従ってしかるべき時期に大学進学に関する情報が提供されたり、模擬試験を受験して自分の学力の状況や志望大学との距離を把握するなど、大学受験に向けた指導体制が整っています。また、学力養成の面でも、大学受験に向けて教科の授業が提供されます。さらに、クラスメイトなど身近にいる人たちが同じように大学受験に向かっていくので、その中で自然と大学へ行くという流れに乗っていくことができます。

つまり、自分で大学受験に向けてスケジュール調整をしなくても、学校によって決められたシステムを消化することで大学受験の準備ができるようになっているのです。だからこそ、全日制高校以外から大学受験を目指すとなると、大学入試に関する情報や入試のシステムを知らない、どのように準備を進めていったらよいのか分からないというようになってしまうのだと思います。

この本で紹介するのは、自分のペースで学びながら大学受験ができる方法です。ただ、自分のペースで学べる分、どのようにして受験資格を得るのか、受験対策をどうやっていくのかなどを主体的に選択していく必要がありますので、それぞれどのような方法があるのかを知っていただければと思います。

では、まずは不登校・高校中退を経験した子がどのようにして大学受験資格を得られるかを見ていきましょう。大学受験資格の取得については大まかに分けて

- **「高等学校卒業資格（以下：高卒資格）」を取得**
- **「高等学校等卒業程度認定試験（旧大学入学資格検定、以下：高卒認定試験）」に合格**

という2つのパターンがありますので、それぞれの特徴やメリットを見ていきましょう。

1　高卒資格を得る

大学進学の受験資格として最も一般的なのが「高卒資格」です。高等学校には全日制のほかに定時制・通信制という課程がありますが、いずれの課程を卒業しても高卒資格が得られるこ

とに変わりありません。

その中でも通信制高校は、自分のペースで学びながら高卒資格を取得できるので、不登校・高校中退経験がある人に合ったシステムです。日常はWEB学習が中心で、スクーリング（登校による面接指導）は年間数日だけで卒業できる学校もあれば、週1日、週3日、週5日などの通学コースを設定しているところもあります。

通信制高校の学びの中心は全日制高校のような対面授業ではなく、与えられた課題を消化するレポート学習が中心です。そのため、自学自習でも進めることもできるのですが、どのように学習を進めていったらよいのか分からない人という人も多くいますので、最近では通学コースを設定している学校も多くなっています。特に不登校・高校中退を経験している人は学習そのものにも自信を失っている場合も多いため、学習の方向性を示してくれる先生がいてくれることでレポート学習を進めるうえでの安心感があるようです。また、定期的に通える場所があることで生活リズムを作れるので、体調を整える目的で通学コースを選ぶ人もいます。いずれにしても登校・学習パターンが選択できるので、学校へ行けなくなったお子さんでも本人の状況に合わせた緩やかなペースで学ぶことができます。

サポート校についても、多くは通信制高校と提携していますので、高卒資格を取得できます。サポート校では学習支援のほかに独自のカリキュラムなどがあり、その中には大学受験に特化したサポートを行い、高卒資格の取得と同時にレベルの高い大学受験対策を並行して行うところもあります。それぞれのサポート校が何をメインに「サポート」してくれるのかを確認するとよいでしょう。

2 高卒認定試験に合格する

大学受験資格を得るためには高校を卒業するほかに、「高卒認定試験」の利用があります。この試験に合格すれば、高校卒業と同程度の学力があると評価され、高校3年生の年齢、すなわち18歳になったタイミングで大学受験資格が得られます。

高卒認定試験の最大のメリットは、大学受験資格を取得するための負担が軽くて済むことです。高卒認定試験は指定の8～10科目(1)に合格することが必要ですが、これは高校卒業のために学習しなくてはいけない科目に比べてかなり少なく、音楽、体育、美術、家庭科などの科目も必要ありません。

高卒認定試験の合格最低ラインは正式に公表されてはいませんが、100点満点中40点程度と言われており、試験の内容も基本的なものが中心です。このため、苦手で大学受験に必要のない科目については、高卒認定試験の合格レベルの学習で終えることができます。

また、高卒認定試験は受験科目ごとに合格判定が行われます。そして、一度合格した科目は「科目合格」となりどれほど時間が経過しても合格が取り消されることはありませんので、一度に全科目合格できる自信のない方でも、例えば第1回目の試験では4教科の合格を目指し、第2回目の試験で残りの科目の合格を目指すといったように自分のペースで学習を計画的に進めていくことも可能です。試験も1年間に夏と秋の2回実施され、仮に1回目の試験で全科目の合格ができなくても、2回目に不合格だった科目だけを重点的に勉強すればよいので、合格することによって自信をつけることができますし、徐々に目標に近づいていく実感が得られると思います。

(1) 科目選択の方法によって合格に必要な科目数が異なります

さらに、高校で1年生や2年生までに履修した科目の単位をすでに修得している方は、それらの科目については「科目免除」という制度を利用することで、受験に必要な科目をさらに少なくすることができます。また、どうしても苦手で合格できない科目については「科目履修」を活用することで「科目免除」とすることが可能です。「科目履修」については、通信制高校やサポート校などでも履修できるケースがありますので、自信のない科目がある方はそのような制度も活用してみるといいでしょう。

高卒認定試験は高校に在籍した状態で受験できますので、高卒認定試験に合格していれば留年が決まった人の場合でも、高校3年生の年齢になったタイミングで大学受験資格を得られ、現役年齢で大学に入学することも可能になります。そのため、受験時期が迫っている高校2年生の秋以降などに留年が決まりそうな方は受験勉強と並行して高卒認定試験合格も目指せると、大学受験資格取得にかかる負担はかなり軽減できると思います。

ただし、一つ注意していただきたいのは、高卒認定試験の合格は「高校卒業と同程度の学力がある」と認めるものではありますが、「学歴」とは異なるものだということです。それでも、大学卒業を前提として次のステップに進むことを考えるのであれば、社会に出るときや仕事を探すうえで最終学歴は「大卒」（大学卒業）になりますので、高卒認定試験で大学受験資格を得ることをネガティブに捉える必要はないかと思います。ここ最近は通信制高校・サポート校で毎日通学することなく高卒資格が取れるので、今学校へ行けていない状態のお子さんを見ていると、大学を中退してしまうようなときのため、保険として「高卒」の学歴を取得しておきたいと考える方が多いようです。この点についてはご家庭の方針もあると思うのでよく考えて決めてほしいと思いますが、高卒認定試験は高卒資格に比べて圧倒的に時間の余裕ができるので、高卒資格の有無にこだわりすぎず、効率よく大学受験に向けての学習を進めていくことも一つの方法かと思います。

自分のペースで大学進学をかなえる

先に述べたように、通信制高校・サポート校、高卒認定試験から大学進学を目指すことは、自分のペースで学習が進められるというメリットがあります。ただ、通信制高校・サポート校を利用しての高卒資格の取得や、高卒認定試験の合格は、あくまでも少ない負担で大学受験資格を取得するというものであり、そのための学習だけで大学受験に必要な学力が身につくものではありません。

では、通信制高校・サポート校に通う人は、どのように大学進学をしているのでしょうか。

一つは、学校でのイベントや課外活動に力を入れた経験をもとに、大学進学を目指すケースです。不登校・高校中退を経験した人も、ゆとりのある環境で過ごしていく中で、少しずつ外に出たり、人と交流したり、勉強に手をつけられるようになります。そして、気持ちに余裕が出てくると自分の興味・関心に合わせて活動ができるようになり、それらの活動を楽しむ過程でいろいろな経験をし、その経験をアピールして大学進学を果たしています。全日制高校に通う人はカリキュラムを消化していくことで余裕もなく、自由に使える時間も限られがちだと思いますが、通信制高校・サポート校や高卒認定試験からの大学受験を目指す人たちは比較的時間に余裕がありますので、勉強以外のことも経験をしながら、このメリットを総合型選抜や学校推薦型選抜というような学力以外を評価する入試方法で活かし合格しています。

もう一つは、大学受験に力を入れている通信制高校・サポート校・高卒認定試験対策を行う予備校（以下・高認予備校）などで集中的に学力を身につけている方もいます。中でも塾・予備校系列のところでは、難関大への挑戦にも対応可能なカリキュラムが用意されているので、中学生から不登校だった人も、学び直しから始めて難関大に合格した例もあります。高校の授業での勉強と、大学受験のための勉強というのはイコールではありません。通信制高校では基礎から学べるのはもちろん、大学に合格するための勉強に多くの時間を割くことができて有利ですので進学校にいて勉強でつまずいてしまった子も、ほかの人たちとの競争で惑わされることなく自分のペースで学びながら、受験勉強にも力を入れて最終的には第一志望の大学に合格できたという子もいます。

通信制高校・サポート校・高認予備校では、自分に合った学習方法で大学進学を目指せることが特徴です。不登校の期間によって一人ひとりの学習がストップしてしまった時期は異なりますので、自分の学習がどこまでできてどこからつまずいてしまっているのか、どのレベルからスタートしたらよいのかを確認したうえで、自分の状況に対応してもらえるところを選びましょう。

そしてこうした環境をうまく活用することによって、学校に行けず家にいた時期には想像ができなかった、憧れの大学に行ける！ということが実現するかもしれません。

「大学進学」を日々の指針にする

不登校・高校中退を経験した人でも、通信制高校卒業や高卒認定試験合格といったルートから大学進学をかなえられるということがお分かりいただけたでしょうか？　こうしたルートの大きなメリットは自由な環境ですが、その環境だからこそ、なんとなくでも「大学へ進学する」という目標を持ち続けてもらいたいと思います。なぜなら、大学進学という目標があることで、日々の生活の方向性を考えられるからです。

一つは学習面についてです。不登校の期間が長かったお子さんでも、自分のペースで基礎から学べば、できることがどんどん増えていきます。できることが増えてくると本人も新しいことにチャレンジしたり、次のステップに進みたいという気持ちになってきます。そのときに「大学へ行く」という目標があれば、どの科目をどのレベルまで勉強したらよいのかが正確に把握でき、少し難易度の高いことにも挑戦できるかもしれません。

もう一つは生活面についてです。「大学へ行く」という目標を達成するには、まずは自分の体調を整えることが必要です。そのため、毎日朝に起床する、決まった時間に決まったところに行って授業を受けるなどのように、日常でできることからいろいろと考え、工夫していくようになります。これが単に「すべて自由」という状態だと、学習面・生活面のいずれにおいてもどこにモチベーションを持てばいいのか分からなくなりますが、「大学へ行く」という目標を持つことで、具体的に行動を起こすモチベーションにつながるのではないかと思います。

そして何より、自分に合った方法を見つけ、目標に向かって工夫をしながら努力するという経験は、その後の人生にもきっと活きてくると思います。そのため、今はまだ将来が見えないという人もまずは自分に合った環境を見つけて心身ともに休みつつ、「大学へ行く」という目標を持ち続けていただきたいと思います。

その中でお子さんが「大学へ行こうかな」と思うようになるには、まずは保護者の方が本人以上に「大学に合格できる」と信じ、「大学進学が本人にとってのメリットになる」という考えを持ってサポートしてあげることが大切です。

最近では、大学で学べる学問領域が広がり、例えばゲームプログラミングやマンガといった領域が学べる大学もあります。不登校・高校中退を経験して、好きなことや興味のあることなら深く学べる子も多いので、保護者の方も大学でどのようなことが学べるのかを知っていただき、「（今）あなたが好きなことは、実は大学でも学びの対象になっていることだよ」と言えるくらいになるといいですね。

また今は入試の方法もいろいろなパターンがあるので、まずはこの本を通して、お子さんのペースで受験できる方法があることを知ってもらえればと思います。そして、本人にも、今までやってきたことを活かして受験できる方式があるということを伝えてあげてください。大学受験ができるかどうか、一番不安に思っているのは本人です。「あなたを信じている」「あなたなら大丈夫」という保護者の方のメッセージが伝われば、お子さんも自分の目標に向かって動き出せるようになるはずです。

ただし、希望する大学へ行くためにはいろいろなことを乗り越えていかなければいけません。ぜひ本書を読みながら、お子さんの大学受験をサポートしてほしいと思います。

第2章　大学進学前にしておきたい、心の準備

根底にあるのは「自信がない」

具体的な大学受験の話に入る前に、まずは受験に向かうための心の準備について話していきたいと思います。というのも、多くの人が不登校・高校中退から大学進学を目指せるとは分かっていても、やはり「本当に大丈夫なのか」という漠然とした不安を抱えているからです。それは「あまり学習してこなかった自分に大学受験ができるのか」ということもありますし、「大学に行ったところで本当に通えるのか」という心配もあると思います。そのため、まずは大学進学に関する不安や心配と向き合うところから始めていきたいと思います。

これまで不登校・高校中退から大学進学をするお子さんたちを見てきて、やはり多くの方は新しい環境に入ってくる前に、心身ともに大きなダメージを受けています。おそらくこれは保護者の方もご承知かとは思いますが、不登校・高校中退に至るまでにお子さんはいろいろなことを考えて、傷つき、回復できないまま生活を続けていく中で心が壊れてしまった状態です。そして本人も保護者の方も、元気に学校へ通っていたころの姿を思い浮かべては、「どうして通えないのだろう」「やりたいけどできない」という葛藤の中で苦しい思いをされているので、すぐに毎日外に出たり、目指す大学を決めて新しい環境の中で受験の準備をしていくというのはなかなか難しいのかと思います。

その根底にあるのは「自信がない」ということだと思います。よく見受けられるのが進学校とよばれる高校に入ったケースです。中学校のときまでは特段努力しなくても人より勉強ができていた子でも、進学校に入ると周りもできる子ばかりです。そのような環境ですと、ちょっと努力しただけでは成績の順位も上がりませんし、精一杯やってもライバルはたくさんいる、という状態だとモチベーションを保つのも難しいです。また、学年が上がっていけば単なる知識だけでは問題が解けなくなるので、もっと勉強をしなければいけないですし、部活動や学校行事などがあればそちらにも時間をかけなくてはなりません。このように、時間の制約がある中でやるべきことがたくさんあり、さらに優秀な人たちとも比べられてなかなか成果が出ないとなると、「自分はできないのだ」と自信を失ってしまうのも当然のことだと思います。

また不登校・高校中退経験も自信を失わせている要因の一つです。多くの人が不登校・高校中退に至るまでの過程で「行きたいけど行けない」という葛藤を何度も経験しています。学校に行かなくてもよくなった後でも、やはり自分と同年代の多くの人が昼間は学校へ行っている中で、「なぜ自分はできないのか」と学校へ行けない自分に対してどこか後ろめたさを感じています。そうした経験を重ねていく中で、知らず知らずのうちに「自分はダメなんだ」という自己否定のイメージがついてしまっているのではないでしょうか。

きちんと大学受験に向かっていくためにも、この自信がない状態を改善することが必要です。もちろん段階的に進んでいくことなので時間がかかりますが、自信を回復するプロセスの中で、大学受験につながるヒントもたくさん含まれています。どの大学を目指すのか、受験科目や受験方式はどうするのかといったことを考えるのは、自信を回復してからでも大丈夫です。まずはそのプロセスの中で、自分を知ることから始めてほしいと思います。

できない自分でも大丈夫

これまで不登校・高校中退を経験してきた人たちを見ていると、「自分なりのこだわり」を持っているケースが多く見受けられました。

性格としては

- **真面目で、いい加減で済ませられない**
- **白黒はっきりつけたい**

というように、自分の中で「こうしなければ」という思いが強いように感じます。

そしてこれは思春期やそれまでの環境も影響していると思いますが、

- **周りの目を気にする**
- **自分がどう思われているのか気になる**

と、自分のアイデンティティーに対して非常に意識が向いている状態になっています。

つまり、彼らの中で「こうあるべきだ」「こう思われたい」という理想の姿があるものの、心や身体がその姿に追いつかず、自分を責めてしまっているのです。特に10代後半は、他人の目が気になってしまう多感な時期です。その中で「学校へ行きたいけど行けない」という経験をしてきた結果、「自分はできない」という思いがとても大きくなってしまったのだと思います。

しかしそう考えると、大人でもダメな自分を受け入れられている人はさほど多くはないのではないでしょうか。私たち大人も、学校にいるときから周りと比べられ、社会に出て働けばもっと他者からの評価にさらされていますよね。その厳しさを知っているので、つい子どもにもいろいろと要求してしまいます。しかし、実は社会というのはさまざまな人が分担をして、それぞれが役割を果たすことによって成り立っています。つまり、自分が何か一つでも社会に還元できるものを持っていれば、多少できないことがあってもきちんと生きていけるのです。

人にはそれぞれ合う道というものがありますから、苦手な環境で苦しい思いをしたのであれば、自分に合う道を見つけるほうがよいように思います。そして、その道を見つけるためにも、本人も大人も、「できないことがある」のを許容してあげる。それができてはじめて、自分らしく歩める道を考えられるのではないでしょうか。

通信制高校・サポート校・高認予備校などのように、学ぶ時間が選べる自由な環境は「できない自分」に向き合うためにも役立ちます。みんなが同じように「こうしなければいけない」という決まりはありませんので、誰かと比較をすることから解放される環境という点が大きいのではないでしょうか。実際、成績を比べ競争させられている環境や日々の小テストや多くの課題から解放され元気を取り戻している子たちを数多く見てきました。自由である分、自分で決めなければいけないこともありますが、「やらなければならない」というプレッシャーがなくなるだけでずいぶんと楽になっていくようです。

このように少しずつ心身を整えていく過程で「できない自分を受け入れる」ことができれば、それはやがて大学受験にもつながっていきます。少し先の話にはなりますが具体的には、大学進学のために志望校を決めたり、志望理由書を作成したり、計画を立てて勉強したり時間をかけて具体的な準備をしていく必要があります。その過程では自分の現実と向き合わなければいけないときもあって、できない部分があればそれを補っていかなければなりません。そのときに「できない自分を受け入れる」という姿勢がないと、「合格できる大学ならどこでもいい」と消極的になってしまいます。「できない自分でもいい」と思えれば、自分の現実としっかり向き合い、改善策を考えられるようになります。

第一志望校に受かる子というのは、大学受験を自分のための越えるべきステップとして、きちんと目標に向かって自学自習をしたり、課外活動に参加することができています。そのため、できない自分を受け入れることは、体調を整えるうえでも必要なことですが、大学進学の準備としても役立つことだと思ってもらえればと思います。

自己肯定感を取り戻す

できないことがある自分を受け入れられたら、次はどんな小さなことでもいいので、「できた」という実感を持ってほしいと考えています。できない自分を認められないうちは、「どうしてこんなこともできないんだろう?」と、マイナスの部分ばかりに目が向いてしまうと思います。しかし、一度「できない自分」を認めることができればフラットな状態に戻ることができるので、それからは小さなことでもよいので一つひとつ今度はプラスの部分を積極的に見つけてほしいのです。

とは言っても、いきなり大学受験という先の目標に向けて動き出すのは難しいと思うので、まずは日常生活の中から何か一つでもできそうなことをルールとして決めて、それが「できた」という経験をしてほしいと思います。

例えば

・朝決まった時間に起きる
・3食のうち1回は家族とご飯を食べる

などです。当たり前のことかもしれませんが、それすらできない時期があった人にとっては「できる」という経験の一つになるのではと思います。

もう少しできる人は、

・1日1回は外に出る
・学校などの決まった場所へ行く

など外に向けて動き出してみるのもいいかと思います。定期的に外に出ていけるようになると、それだけでも気分の波が落ち着いてくる子が多いからです。

また、勉強に手をつけられる人は

・興味のある科目の教科書を開いてみる
・得意な科目から学び直しをしてみる

などもいいでしょう。問題が解けるかどうかはひとまず置いて、とにかく勉強に手をつけることが「できる」と、次のステップに進めるのかと思います。

勉強の話でいうと、不登校の期間は現実逃避やゲームで時間をつぶしたり勉強に手をつけられなかったという話をよく聞きます。中には勉強に対して苦手意識を持っている人も少なくありません。

勉強が苦手だと思っている人も、実は「基礎学力がついていないだけ」というケースもあります。特に英語、数学など積み重ねが必要な教科はいきなり問題を解こうとしても難しいので、勉強が苦手だと思っている人はまず中学校のときに学んだことなど基本的なことが理解できているか確認してみてください。

また、もともと進学校にいた人も、授業のスピードが速かったり、課題が多すぎたりしてきちんと基礎が身についていないかもしれないので、まずは基礎から始めていけるとよいと思います。その中で、できないところは中学校レベルへ、それでも分からなければ小学校レベルへと学習内容を遡っていけばいいのです。そして、自分がどこでつまずいているのかが理解できれば、思いのほかすんなりと勉強を進められたりするものです。

このようにして、「『できた』を数えよう」と意識を変えるだけでも、実は自分にできることはたくさんあったと気づけると思います。そして大切なのは「できた」ことについては本人も周りもきちんと評価してあげること。些細なことかもしれませんが、この小さな積み重ねが、自信を回復することにつながっていきます。

中には環境が変わったり、少し時間の余裕ができれば、すぐに元気に学校へ通っていたころのようになれると考える人もいますが、多くの場合は時間をかけてゆっくりと心と体の調子が整っていきます。例えば、新しい学校に行くようになってから、週に1回は学校へ行くことができるようになったけれども、ある週になったら突然1回も行けなくなったということもよくあります。しかしここで「またできなかった」と落ち込む必要はありません。今週は行けなかった自分を受け入れる週にして、来週また頑張ればいいのです。そして、少し元気になってきたら、「ゲームをやりすぎてしまった」「夜更かししてしまった」「天気が悪かった」「気分が乗らなかった」…など、できなかった原因を分析してみて、次に同じことが起きたときにどうするか改善策を考えておく。そうすると「できない」とただ落ち込むよりも確実に意識が変わっていきますし、それを繰り返していくと、できないことを自分なりに分析して改善し、「できる」ようになったと、また一つ経験ができるのかなと思います。

心構えとしては新しい環境に移るときは、「すぐに勉強や受験に向かえないかもしれない」という場合を想定しておくのもいいと思います。「できるかも！」と思っていたけれどできなかった…よりも、あらかじめ「できればもうけもの」くらいに考えておくほうが、本人も保護者の方も気持ちとしては楽ですよね。そして、少しずつ外へ出られるようになっても頑張りすぎず、「今日は調子が悪いな」という日には無理せずしっかり休んでください。とにかくはじめのうちは力を入れすぎない、無理をしないということがポイントです。

「好き」や「興味」を見つけよう

自分ができることに気づけるようになったら、次は好きなこと・興味のあることへ少しずつ意識を向けてみてください。はじめは外に出ることに消極的だったお子さんも自分で心と体の調子がコントロールできるようになると、週に1～2回ほどは学校などへ足を運べるようになります。そして、決まった時間に決まった場所へ行けるようになると、学校へ行けなかった時期の精神的な落ち込みなどもずいぶんと軽減され、このころから自分の好きなことに取り組んでみようとする子も増えてきます。

はじめのうちはなんでも構いません。不登校の間に見ていた動画や、やっていたゲームでも、本人が「好き」「面白い」と思うものであればよいでしょう。そして、できたらなぜそれを「好き」「面白い」と思うのか理由を聞いてみるといいでしょう。例えば動画が好きなのであれば、それに出演している人が好き、コンテンツそのものが好きなどそれぞれです。ゲームでもキャラクターが好きな子もいれば、ストーリーが好きな子もいます。もちろんやりすぎはよくありませんから、あくまでも日々の息抜きとして使ってもらいたいと思いますが、その中で「楽しい」と思える切り口を少しずつ見つけてほしいのです。

日々の勉強の中で「好き」「面白い」を見つけるのもよいでしょう。勉強も、はじめのうちは教科書を開いてみるだけでも、机に向かうだけでも構いません。科目もまずは勉強に取り組めたという経験が大事ですので、自分ができるものだけで大丈夫です。そのようにして少しずつでも学習が進められれば「この教科は進めやすいな」とか「この教科は難しいかも」「この教科のこが面白いな」ということにつながっていくかもしれません。

また、そうは言っても「うちの子は好きなものがありません」という人も多くいます。その場合は、ぜひ気の向くままにいろいろなものに取り組んでみるとよいでしょう。というのも、「好き」「面白い」と思えるようになったときは、さまざまなことを知っていることが多いでしょう。勉強でいうならば、基本的なことが分かっていると「この問題はどうやったら解けるのか？」と興味がわいてくる。大学進学でいうと、大学がどういうところなのか知っていると、「こんなことを勉強してみたい」「こんな大学に行ってみたい」という思いが出てくる。つまり､何事も「好き」「面白い」と思うためには、いろいろなことを「知る」というところが出発点になってきます。

保護者の方からすると大学受験には全く関係ないように見えることも、大学の学びにつながる「好き」「面白い」につながる経験はいろいろなところにあふれていますので心に余裕が少しでもできたら好きなこと、興味のあることを見つける感覚を身につけてほしいと思います。

自信の回復が大学進学につながる

心と体の調子が整って自信を取り戻せると、いい意味で欲が出てきます。例えば「自分は将来何になりたいのか」とか「どういう人生を送りたいのか」など、少し先の未来をふまえて物事が考えられるようになります。まだ10代ですので「大学へ行ってから将来のことを考えよう」というのでも大丈夫です。ただ、目的があるほうが大学生活も充実しますし、やはり大学受験のプレッシャーを乗り切れる子というのは、「自分はこうしたい」という意思を持っています。

受験の成功は、大学受験に入る前に本人の意思をどれだけ引き出せるかです。中学・高校受験まではある程度大人の意向に沿って学校へ行くということができたかもしれませんが、大学受験を考える年齢になれば、将来の進路という重要な決定をするうえで本人の意向を無視することはできなくなっています。そしてどんなに大人が一生懸命に働きかけても、本人が動かなければ望む結果を得ることはできません。そのため、大学受験については「こうするべき」という考えは脇に置き、「本人がどうしたいか」を優先して一歩引いたところからサポートをすることが必要になってきます。

そして本人の意思を引き出すために一番効果的なことは、前述した自信を回復するプロセスです。

まずは安心できる環境に身を置くこと。特に学校へ行けなくなってしまった方の場合は、「自分の思うようにできない」というフラストレーションが溜まっているので、まずはその緊張を解くためにも、「毎日決まった時間に決まった場所へ行かなくてもいい」という環境に置いてあげるだけでも、随分と気持ちが楽になるようです。

さらに、外に出たり、規則正しい生活ができるようになったら、好きなこと、興味のあることに幅広く取り組んでみること。そうするうちに「自分はこうしたい」という思いで動いていくようになります。

はじめは心配かもしれませんが、本人の気持ちが満たされていけば、自然と将来はどうしたいのか、ということを考えられるようになります。単に、高卒資格が取りたい・受験勉強に集中したいという目的で学校に入った人も、先生や友達と接しながら人間関係を構築し、その経験の中でさまざまなことを学べたという人もいます。そのような経験の中で純粋な「好き」「面白い」が見つかると、それがその後の大きなモチベーションにもなり、自分らしく生きる道というものを見つけられるのだと思います。

とはいうものの、ただ自由にさせているだけでは方向性を見失うことにもなりかねませんので、好きなようにさせつつ、お子さんの変化に対して関心を持っていることは示してあげてください。例えば一緒に見ているテレビで受験の話題が出たら「そういえば大学へ行くの？」と聞いてみたり、お子さんから調べた大学について話が出たら「その大学のどういうところがいいの？」と本人の希望について尋ねてみるのもいいでしょう。また、なかなか大学受験に関する話題が出ないようであれば、日ごろ楽しんで行っていることが話題に出たときに「面白そうだね」と肯定しつつ、「そういえば、大学でもこんなことが学べるよ」とお子さんの興味に関連するような学びを教えてあげる、などでもいいかもしれません（中には保護者に進路を示されるのを嫌がる子もいるので、その場合はそのときの状況に合わせて肯定するだけ、というのでもいいでしょう）。本人の意思は尊重しつつ、助けが必要なときはいつでも助けるよ、というメッセージが伝わるといいですね。

このように日々の生活の中で工夫をしてきたプロセスそのものが、お子さんにとって財産になるはずです。大学に入ってからも、そして社会に出てからもこの時に身につけた自信の積み重ねが役に立っていくでしょう。

子どもの自信を育てるには

お子さんが大学進学を果たすために欠かせないステップになるのが自信の回復です。では、不登校・高校中退を経験したお子さんが自信を取り戻して納得のいく大学進学をするために、保護者の方は何ができるのでしょうか。

一つは、お子さんが前に進むスピードに合わせて伴走すること。おそらく「学校へ行けなくなる」という過程を見てきた中で、無理強いをしてもうまく進まないということは理解されているかと思います。それは大学へ進学する場合も一緒です。どれだけ保護者が「大学へ行ってほしい」「将来はこの道に進んでほしい」と思っていても、お子さんの意思が追いつかなければ、また途中で息切れしてしまいます。ですので、まずはお子さんの意思を尊重し、導くのではなく、ともに歩むこと。特に心と体の状態が整わないうちは、いいときと悪いときがあるということを理解し、その時々に合わせて手を差し伸べたり、逆にお子さんに任せたりといった柔軟なサポートが必要です。

その中でおすすめしているのが、「越えられそうなハードルを用意する」ということです。これは私もよく使っている方法です。例えばどうしても勉強が苦しくなってしまい、ひきこもってしまった子には「面談をするから来て」と声掛けをします。「面談のためにだけ学校に来る」という小さなことでも、達成できたことが積み重なっていくと自信が戻ってきます。そしてまた、教室で授業を受けたり、その後受験に向かえるようになっていきます。家庭の中のことなら、一緒にご飯を食べる時間を決めておくなどでもいいですし、やはり家の外に出るほうが少し気分を変えることができますので、「休みの日に一緒に買い物へ行く」「木曜日は学校へ送っていく」など、家の外に向かえるようなハードルがあるといいと思います。

そして、保護者の方も一緒に受験に向けて情報を収集していくという意識を持ってください。よく聞かれるのは「大学進学に有利な学校はどこですか？」ということですが、どんなにその学校の進学実績があっても、その学校がご本人に合っていてご本人の意思が伴わなければ思うような結果は期待できません。もちろん大学進学に強い学校であれば進路ガイダンスをしてくれたり、大学に関する情報が豊富であったり、周りの人の意識が高く自然と受験の流れに乗っていけるなどのメリットはあります。しかし、保護者の方の一番の願いは何よりもまず、お子さんが元気に学校に通っていたころの姿を取り戻すことだと思います。そのためにもまずは本人が元気になれる環境が必要ですし、大学進学実績よりも体調の回復具合などに合わせて柔軟なスケジュールを組める環境があることのほうが大切です。そして、本人の状況を一番近くで見ることのできる家庭の中でもサポートできれば、大学進学だけにこだわって学校を選ぶ必要もなくなり、「通いやすい」「居心地が良い」と思える環境を重視して学校を選べると思います。本人に「また勉強を頑張りたい」「大学へ行きたい」という気持ちがあれば、集中して勉強ができたり、大学受験に強い学校を選ぶようになりますので、入学・転編入先を探すときにはあくまで本人の意思を最優先させてください。

74ページからは不登校の子が大学進学を目指すためのスケジュール例を紹介しています。大学進学する前に心と体の調子を整えるということがありますのでそのスケジュール通りにはいかないこともあるかと思いますが、おおよその流れを知っているだけでも役に立つかと思いますので、ご参考にしていただければと思います。

そして、そうした環境の中で小さな「できた」を積み重ねていき、時期がきたら本格的に大学進学について考えていく。中には在籍している学校では自分の行きたい学部・大学に行くために必要なことに対応できない、ということもあるかもしれません。それでも大丈夫です。本人の大学へ行きたいというモチベーションが上がった時点で、学校内外で大学受験につながる活動に力を入れたり、大学受験対策講座を受けたり、必要であれば外部の塾や予備校を活用するといったように、スケジュールを大学受験に備えたものに組み替えることができます。これは自由に時間を選べる環境だからこそできることですので、無理をせずぜひ自分のペースを守りながら準備をするという意識を持たせていただければと思います。

Column 1

コラム1

第一志望校に受かるのはどんな子？

第一志望の大学に合格する子に共通しているのは、「大学に進学する目的が明確である」「自分で考えることができる」ということです。

長年不登校だった子でも、自分は大学に行って何を学びたいのか、行きたい大学はほかの大学とどこが違うのか、そしてその大学に合格するためには今の自分には何が欠けているのかをしっかり考えられる子は、学び直しから始めて第一志望の大学に合格しています。

それは学びに向かう姿勢にも見られます。例えば、自分で考えられる子というのは、授業をただ受けるだけではありません。まず、事前に授業で行う課題に目を通して疑問点を明確にしておきます。そして、予習した際の疑問点を授業で先生がどのように説明するのかをしっかり聞き、授業の後で復習します。復習するときは予習の段階でできなかったところはもちろん、授業中に理解したつもりだったことについても、実際に自分で問題を解いてみて正解で

Column 1

きるかどうかを確認します。このように、できなかったところを重点的に学習していくので、着実に学力が伸びるのです。

学力が伸び悩むとき、受講する授業や大学受験講座の数を増やしたり参考書を買い足すなどしてインプットする情報量だけを増やそうとする人もいますが、学力をつけるためにはただ知識を増やせばよいのではなく、「なぜそのような答えになるのか」という道筋を考えることが非常に大切です。むやみやたらと手を広げて、授業や参考書の数を増やすだけでは力にならないのはこのためです。

通信制高校・サポート校の場合は設置されている大学受験講座が限られていますし、場合によっては体調が整わず、自分が思っていたほど授業を受けられなかったということもあるかもしれません。そうなると、お子さんも保護者の方も「もっとたくさん授業を受けて、教材も増やさないと」と焦ってしまうようです。しかし、そんなときこそ、もう一度復習の時間を設けて、学んできたことが定着しているかを確認するとよいでしょう。

「自分で考えることが大事」となると、「うちの子はそんなことできません…」と思われる方もいるかもしれません。そんなときに思い出してほしいのは、好きなことや興味のあることへのお子さんの反応です。時間に余裕が出てくると、好きなことや興味のあることに取り組める子も増えていきます。はたから見ていて大学受験に全く関係のないことでも、好きなことや興味のあることに一生懸命取り組めば、その中で考える力というのが養われています。それがゲームなどの場合、保護者の方としては心配になる部分も多いと思いますが、好きなことや興味のあることへの取り組みは考える力を養う時間だと思ってもらえると、見守ることもできるのではないでしょうか。コスモの中でも、大学の学問に興味を持ってもらうため（そして受験勉強の息抜きにもしてもらうため）のゼミといったみんなでひとつのテーマについて話し合ったりする活動を用意しています。それらに取り組んでいくうちに元気になっていく子も多いので、考える力を養うという意味もありますが、やはりいろいろと楽しんで元気を取り戻すというのは受験を乗り切るためにも役立つのだと思います。

考える力を身につけるのは本人の努力次第ではありますが、お子さんの「伴走者」である保護者の方ができることは、子どもに問いかけ、一緒に考え、答えを探していくことだと思います。長年サポートしてきた私たちも、本人の意思を尊重し、「大学で何を学びたい？」「何に興味がある？」という問いかけからスタートし、「どの大学で興味があることを学べるのか」という情報を伝えます。そして、悩んでいるときは一緒に考えながら解決策を見出してきましたので、ご家庭の中でも、「どんなことに興味がある？」などの問いかけをしてみると、大

Column 1

学進学へとつながっていくかもしれません。

それは志望校選びについても同様です。もしかすると、お子さんは保護者の方が思いもしなかったような大学や学部を志望するかもしれません。保護者の方が本人の将来を案じていろいろとアドバイスをしたくなる気持ちも分かりますが、大学受験を乗り越えるためにも、そして大学に入ってから充実した学生生活を送るためにも本人が「この大学でこれを学びたい」という思いを持っていることが一番大切です。そのため、大学受験に向かう第一歩として「お子さんが学びたいこと、自分で考えること」を尊重してほしいと思います。そして、ご本人の状況を踏まえたうえで、環境を整えてあげる。それがご家庭でできることだと思います。

郵便はがき

料金受取人払郵便

麹町局承認

5602

差出し有効期間
2025年1月
23日まで
（切手不要）

1 0 2 8 7 9 0

216

東京都千代田区五番町10番地
JBTV五番町ビル2F
学びリンク　編集部

『不登校からの大学受験』
係　行

フリガナ

お名前　　　　　　　　　　　　（　　　歳）（男・女）

お子様をお持ちの方　人数　　　人／年齢

ご住所　〒

お電話：　　　　　　　　　　ご職業：

E-mail：

ご購入日：　月　　日

ご購入書店名：

※ご記入いただいた個人情報は、弊社からの郵送・Eメール等によるご案内、記念品の発送以外には使用いたしません。

～ 学びリンク　愛読者カード ～

この度は本書をお買い上げいただき、誠にありがとうございます。
よろしければ以下の質問へのご協力をお願いいたします。
もれなく記念品をお送りいたします。

(1) 本書をどのようにお知りになりましたか（複数回答可）

1. 新聞広告（　　　　　　新聞）　2. 雑誌広告（雑誌名　　　　　　）
3. 書店で見て　4. 合同相談会会場で見て
5. 知人にすすめられて
6. その他の広告など（　　　　　　　　　　　　）

(2) 本書をお読みになったご感想などをお聞かせください

(3) 今後、知りたいことなどがあればお聞かせください

(4) 河合塾コスモから資料送付をご希望になりますか

☐ はい（表面に住所を記載ください）　☐ いいえ

(5) お寄せいただいたご感想などをHP等に掲載してもよろしいでしょうか

☐ 実名で可　☐ 匿名なら可　☐ 不可

第3章

通信制高校・サポート校・高認予備校を活用しよう

入試の種類を理解しよう

通信制高校・サポート校・高認予備校は自由に時間が使えますが、周囲が大学受験に向かうペースが見えにくいだけに、自分で計画を立てて受験対策を実行していく必要があります。そして、大学受験対策に入るためには、入試の制度を把握しておく必要がありますので、まずは大学入試、そして入試方式について解説していきたいと思います。

最近の世の中の変化は予想以上に速く、情報化の進む今、働き方も大きく変わってきています。そのようにたくさんの変化に対応しうる人材を育成するため、現在の大学入試においては「知識・技能」だけでなく、「思考力・判断力・表現力」と「主体性・多様性・協調性」を加えた学力の3要素が評価されます。そして、**それらの力を「総合型選抜」「学校推薦型選抜」「一般選抜」という3つの大学入試方式で評価していきます。**それぞれの選抜方法では書類、面接、学力試験など重視する点が異なりますが、いずれも前述した学力の3要素を総合的に判断していきます。

それでは、それぞれの入試方式の特徴について見ていきましょう。

1　ユニークな経験をアピール！　総合型選抜

総合型選抜は大学のアドミッション・ポリシー（入学者の受け入れ方針）に合致した人材を求めるものです。学校外での活動（アルバイト・ボランティア・留学など）も評価の対象となり、そうした経験を事前提出した書類や面接の場を通して伝え、自分自身が大学の求める人材に合致していることをPRしていきます。

出願時に受験生自身が作成して提出する書類が多いことも、総合型選抜の特徴です。例えば、なぜこの学問を学びたいのか、なぜこの大学を選んだのかを記す「志望理由書」、将来的に進路を実現するために大学でどのように学びを修めていくのかを記す「学修計画書」(2)などの提出が求められます。

(2)　将来の夢や目標を実現するために、大学で何をどのように学び、どのような学生生活を過ごしていきたいかの計画

また、評価の中心が学力試験ではないものの、大学入学共通テスト（以下・共通テスト）、小論文、プレゼンテーションなどの方法で学力を確認することが必須とされています。

総合型選抜の場合、出願時期が9月以降、合格発表が11月以降と一般の入試と比べて早いので、自分の希望する学びの分野、自分の行きたい大学を早めに決める必要があります。

2　日々のコツコツが活きてくる！　学校推薦型選抜

学校推薦型選抜は出身学校長の推薦に基づいて実施される選抜方式です。そのため、高校でのさまざまな活動が評価の対象となり、それらの活動を書類（推薦書、入学希望理由書、学修計画書など）、調査書、面接などで評価していきます。学校推薦型選抜も書類・面接での評価が中心ですが、共通テスト、小論文、プレゼンテーション、口頭試問などを通して学力も評価されます。

学校推薦型選抜で代表的なものが、大学が指定した高校の生徒を対象に行われる「指定校制」です。指定校制の場合、まずは高校内で選考があります。そして校内での選考に合格すれば通常、その時点で入学が決まることが多いようです。

そのほか、大学の出願条件をクリアしていれば出身校を問わない「公募制」もあります。公募制の中には英検のような検定試験などの資格を保有している人が出願できる「有資格者推薦」、スポーツ競技会で一定以上の成績を収めた人が出願できる「スポーツ推薦」、特定技能で優秀な成績を収めた人が出願できる「一芸一能推薦」などがあります。

国公立大学を学校推薦型で受験する場合は、原則として公募制のみで、出願も専願（合格したら入学を確約できる者）です。推薦の基準は非常に厳しく、4割の大学では共通テストの受験を課し、成績が悪ければ不合格となるケースも見られます。ただし、共通テストを課さない大学については、共通テストや個別試験で課されるような全科目が一般入試の合格に必要とされる学力レベルに達していなくても合格の可能性がありますので、例えば評定平均値が学校内の上位数％以内であったり、英検2級以上などの資格を保有している方などはチャレンジしてみるのもよいかもしれません。

私立大学も公募制推薦を実施しており、首都圏の大学では併願が可能なところもあります。私立の公募制は、出願条件も比較的緩やかですので、一般選抜にチャレンジする前に併願が可能なところを学校推薦型選抜で受け、合格を一つ確保しておく、というのもよいでしょう。

学校推薦型選抜は11月以降に出願を開始し、12月以降に合格が決まるケースが多くなっています。時期としては総合型選抜と同じように一般選抜よりも早く、校内選考もありますので、学校推薦型選抜での受験を考える場合は、早めに準備を始めていきましょう。

3 学力一本勝負! 一般選抜

一般選抜は、学力試験が評価の中心となります。

学力試験のプレッシャーであまり一般受験をしたくないという方もいらっしゃいますが、一般選抜の場合は現在も主体性評価を合否判定の材料としては使用するケースは少ないので、不登校の期間があって高校の評定平均があまりよくない人や、外に出て元気に活動したり、留学やアルバイトなどを頑張ったというような経験があまりできそうにないという人にとっては、自分のペースでコツコツ学力を蓄えて一般選抜で大学へ行くというのが最も適しているでしょう。

また、難関大については一般選抜での合格者が最も多く、入学後のことを考えてもある程度の学力は必要です。高校1~2年生のうちから時間をかけて準備をすれば十分に合格水準まで学力を伸ばせますので、まずは一般選抜から考えてもらうといいかと思います。

一般選抜については、多くの受験生が受験する共通テストがありますので、まずはその内容について説明していきます。

一般選抜のポイント１　登竜門の共通テスト

共通テストは1月中旬の土日に全国一斉に行われます。大学入試センターが用意した科目の中から、受験生が自分の志望する大学の受験に必要な科目を選んで受験します。

出願期間は、9月下旬から10月初旬にかけての10日間程度です。受験するためには、高卒認定試験の合格（または合格見込み）、もしくは高校卒業（または卒業見込み）資格が必要です。

通信制高校に在籍している人は高校を経由しての出願になり、通信制高校の本校でとりまとめてみなさんの「卒業見込み」を証明します。このため、高卒認定試験合格（または合格見込み）者のように個人で出願される人より、高校内での出願締切が早くなっていますので、高校からの連絡をよく確認してください。また、サポート校に在籍している人も、提携している通信制高校を経由しての出願になりますので、サポート校の先生に出願期間の確認をしてください。

そして、出願にあたっては、自分がどの教科を受験するのかを出願時に申告する必要がありますので、自分の志望する大学でどの教科・科目を受験しておくことが必要なのかを必ず確認して、申告漏れのないようにしておきましょう。また、出願の際は「志願票」の両面コピーを自分でとっておくとよいでしょう。

出願した後は、後日に内容に間違いがないかを確認する、「確認はがき」が個人宛に送られてきます。これは出願が正式に受理された証明でもありますので、出願の際に記入した志願票のコピーと照合し、もしも自分が記入した内容と違っていたら、所定の方式で期限内に修正などの申告を済ませてください。そして、12月中旬までには受験票が届きますので、届いたら共通テストの受験会場の確認や、受験票に貼る写真の用意などを年内に済ませておきましょう。

それでは続いて共通テストの試験内容について見ていきましょう。

共通テストでは、「思考力・判断力・表現力」を重視するという考えがベースになっています。出題形式はマーク式ですが、ここ数年の出題を見ても、複数の資料を限られた時間で読み解く問題、社会生活や日常生活の中から課題を発見して解決方法を構想する問題、資料やデータを基に考察していく問題などが出題されています。その中でも英語は、「リーディング」ではすべてが読解問題になり、「リスニング」についても6題のうち2回読み上げの問題は2題、１回読み上げの問題が4題となるなど、聞き取った情報と資料を合わせて判断する力が求められるので、試験の形式に慣れておくことも必要になります。

あらゆる出題方法で知識の理解の質が問われることになりますが、どの教科も高校で学んだことの基礎をきちんと身につけていることが大切であることに変わりはありません。そのため、まずは日々の勉強をしっかり行うようにしていきましょう。

共通テストは受験生の大多数が受ける試験ですが、国公立大学・私立大学のどちらを受けるかで受験する科目や試験方法が変わってきますので、それぞれについて解説していきます。

一般選抜のポイント2――総合力が試される国公立大学

国公立大学のポイントの1つめは、共通テストと大学ごとに行われる個別試験の合計得点で合否が決まるということです。共通テストと個別試験の得点比率や、科目ごとの配点はそれぞれの大学で異なります。共通テストはマーク式、個別試験は記述式が中心になっていますので、それぞれの得意不得意を考え、共通テストの配点が高く個別試験の比率の低い大学、逆に共通テストの配点が低く個別試験の配点が高い大学など、自分の得意なパターンに合わせて受験大学を選択することができます。

ポイントの2つめは、国公立大学を受験するのであれば共通テストでは文系でも理系でも受験科目が原則5教科(3)必要だということです。そして、合格するためにはそれぞれの教科で平均点以上(難関大であれば8割以上)が取れるくらいのレベルが必要となります。し

(3) 5教科の内訳は、英語、数学、国語、理科、地歴公民です。

かし、中には私立大学と同様に3教科で受験できる大学も公立大学を中心にあり、例を挙げると、群馬県の高崎経済大学、山梨県の都留文科大学、東京都立大学の法学部は3教科で受験可能な日程・方式を採用しています。さらに、同じ大学でも前期日程は大学入学共通テストで5教科必要でも、後期日程では3教科で受験できるようなケースもありますので、「3教科しか勉強していないから国公立大学は受験できない」と最初から諦めてしまう必要はありませんので、どのような大学が受けられるか調べてもらうといいかと思います。試験科目は受験する年度によって変更がありますので、最新の情報を確認してください。

また、国公立大学の個別試験については、一部の大学を除き3教科以下(4)で受験できるケースがほとんどですので、こちらは得意教科に合わせて受験大学を選択していくのがよいと思います。

国公立大学のポイントの3つめは、入学手続きをできるのが1校のみということです。国公立大学は、一部の公立大学で前期日程と後期日程の間に中期日程がありますが、原則、前期日程と後期日程に定員を分けて試験を行います。最初に合格発表があるのは前期日程ですが、入学手続きの締切は中期日程や後期日程の合格発表の前です。このため、前期日程で出願する大学が必然的に第一志望校になります。

ただ、受験の機会については最大3回あります。受験生は前期日程と後期日程で同じ大学を受験することもできますし、それぞれで違う大学を受験することも可能です。また、中期日程があれば、前期、後期、中期と3回の受験チャンスがありますので、試験科目やそれぞれの配点などを考えながら志望大学を検討していくとよいでしょう。

では、不登校・高校中退から国公立大学受験を目指す場合は、どのように対策をしていけばよいのでしょうか。

(4) 大学によって必要科目数は異なりますが、文系では英語・数学・国語・理科・地理歴史公民から2〜3教科、理系では英語・数学・理科・地歴公民から2〜3教科となります。

まずは、共通テストで志望校の合格ラインをクリアすることを目指すとよいと思います。共通テストは高校で勉強する範囲から出題されますので、学校で勉強できていない間の知識を定着させ、基礎を押さえるという点でも有効だと思います。各予備校では大学ごとに共通テストでどの程度得点を取っていれば合格できるのか、例えば、河合塾ではボーダラインといって合格可能性が50％となる得点を示していますので、それを目安にしながら学習を進めていくとよいでしょう。

また、国公立大学で個別試験の配点が大きい大学を目指す場合でも、やはり共通テストでその大学のボーダラインを超えるくらいの基本的な内容を押さえていないと、記述式の問題でも高得点を取るのは難しいと思います。そのため、個別試験対策という意味でも、まずは共通テストでボーダラインをクリアすることを目標に対策を始めてください。

そして、いきなり5教科の学習を始めるのは負担が重いという人は、まず得意な教科から志望大学のボーダラインを越えることを目標に学習を進めましょう。文系であれば英語・国語・地理歴史公民、理系であれば数学・理科・英語といった私立大学の入試と共通する3教科で合格ラインを越えられるようにして、段階を踏んで自信をつけながら学習を進められるとよいでしょう。

苦手科目については、私立大学で必要となる3教科が安定して合格ラインを越えるようになった後、合格ラインに近づけるようにしていけるとよいでしょう。その際のポイントは、得意科目の学習に支障がでないようにバランスよく学習を進めることです。苦手科目に時間を割きすぎて得意な科目の学習に時間が割けず点数が伸び悩むという人もいますので、共通テストまでの残り時間と克服すべき重点分野にかける時間との兼ね合いも考えながら、どこまでやるのかを見極める必要があると思います。

ここまでで国公立大学受験をイメージすることができましたか？　私立大学に比べると共通テストの科目数も多く、大学独自の個別試験の対策も必要となるので受験を諦めてしまう方も多いですが、国公立大学ならではのメリットも考えてみたいと思います。

まずは学費の面です。国公立大学の学費(5)は私立大学に比べて安く、国立大学は文系・理系とも標準額の平均で見ると授業料が年間535，800円、入学料が282，000円、公立大学は平均で授業料は536，363円、入学料が391，305円です。一方、私立大学の平均額では全平均で授業料が930，943円、入学金が245，951円となっています。特に医療系をはじめ理系では私立大学の平均に比べてかなり低くなっています。なお、公立大学では当該自治体の居住者かどうかによって入学金などの条件が異なりますので、それぞれの大学の募集要項などで確認してみるとよいでしょう。

また、自宅を離れて一人暮らしをすることによって自立が促されるという点も挙げられるかと思います。首都圏や近畿圏などの大都市部を除いては、国公立大学で自宅から通える大学は限定されており、自宅を離れて下宿をするケースも少なくないかと思います。自宅を離れての大学生活はご家庭にとっては金銭的な負担も大きいかもしれませんが、場合によっては、保護者にとってもご本人にとってもそれぞれの関係性を見直すきっかけになる可能性もありますので、興味のある大学があるなら遠方であっても調べてみるとよいでしょう。

一般選抜のポイント3 チャンスがたくさん！私立大学

私立大入試の特徴は、受験科目が3教科以下のケースが多いことです。一部の難関大学では文系でも数学を課したり、複数教科の知識が必要となる総合問題を出題するといったこともありますが、基本的に文系の大学・学部は、英語、国語、地理歴史公民または数学の3教科、理系の大学・学部は英語、数学、理科の3教科が中心ですので、国公立大学に比べて勉強する教科の負担が少なくて済みます。

また、私立大学の場合はより多くの受験生を集めるために、入試の方式もいくつかのパターンがあります。受験できる回数についても私立大学は制約がないので、複数の受験日程を設けています。このため、自分の志望する大学のすべての日程を受験するなど、複数回のチャレンジが可能です。

(5) 国立大学の数値は昼間部の標準値、公立大学・私立大学の数値は文部科学省調べ（2021年度）

私立大学の入試方式としては、共通テストを利用して出願できる「共通テスト利用方式」と、各大学が独自に行う「一般入試」があります。

共通テスト利用入試は、共通テストの成績で合否を決める方式です。こちらは数多くの大学で利用されていて、出願すれば大学が受験生の共通テストの成績で合否を判断してくれます。大学ごとに試験会場に行く必要はありませんので、受験に行くことで体力的、精神的な面で疲れてしまいがちな人にとっては便利な方式かもしれません。受験科目は一般入試と同じく3教科が中心ですが、一部の難関大学では国公立大学併願者が利用しやすいよう、文系は数学を含む4教科以上、理系は国語を含む4教科以上としているケースもあります。

私立大学が独自に行う一般入試は日程が重複しなければ複数回受験が可能です。第一志望大学であれば、4日間すべての日程を受験することもできます。日程は違っても同じ大学・学部・学科であれば出題のパターンが似ているケースも多く、形式に慣れて合格しやすいというメリットがあるかもしれません。また、最近では統一日程や全学部共通日程といって、1回の試験で複数学部・学科の合否判定をしてもらえる試験もあります。受験する学部学科が増えると受験料負担が増えますが、受験のエネルギーにかかる負担を減らすという意味で積極的に活用するのもよいでしょう。また、1月、2月の試験で思うような結果が出なかった場合でも、その後に行われる後期日程、3月入試などを設定している大学もありますので最後まで諦めずチャレンジしましょう。

私立大学の入試にはそのほかにもさまざまな制度があります。例えば同じ大学を複数回受験すると受験料が割引になったり、東京に住む人が関西の大学を東京の会場で試験が受けられる、といった地方試験会場が設置されるケースも数多くあります。また、最近では英語の資格試験を利用する大学が増えています。英語の資格試験にチャレンジしていくことで自分自身の達成感を高めることもできますし、学校推薦型選抜や総合型選抜でも学力評価の一つとしてよく利用されていますので、積極的に受験してみてもよいでしょう。

以上で総合型選抜・学校推薦型選抜・一般選抜の違いと、それぞれの試験内容をご理解いただけましたでしょうか。行きたい大学・学びたいこと、それぞれの軸に合わせてご本人に合った入試方式で受験していただければと思います。

大学入試に向けたスケジュール

大学受験は目指す大学・入試方式によってスケジュールが異なります。対策を立てるためにはまず志望校を決める必要がありますが、志望校を決めるプロセスは一人ひとりの状況によって違ってきます。そのため、長期的な視点でどのように大学受験に向かっていけばよいのかを考えていきたいと思います。

まずは高校１年生の４月から通信制高校・サポート校・高認予備校などで学習をスタートする場合です。

一般的なルートと違う部分は大まかに分けて２つです。

１つは心と体の調子を整える期間が必要であることです。個人差があるので必ずしもこの期間に限定するわけではありませんが、新しい環境へ入ってから３カ月～半年はあまりペースを上げすぎず、まずは心と体の調子を整えることを優先するとよいでしょう。

体調を整えている期間中は「決まった時間に起きる」「週に１回は学校など決まった場所に行く」「毎日教科書を開く」というように、何か達成できそうな小さな目標を一つでも持って、それを乗り越えるために工夫をしていくという過程を踏まえていくとよいと思います。まずは家から出ること、そしてできることが増えて自信が回復すると、後の大学受験にもスムーズに向き合えるようになっていきます。

■ 大学受験までのスケジュール（新入生の場合）

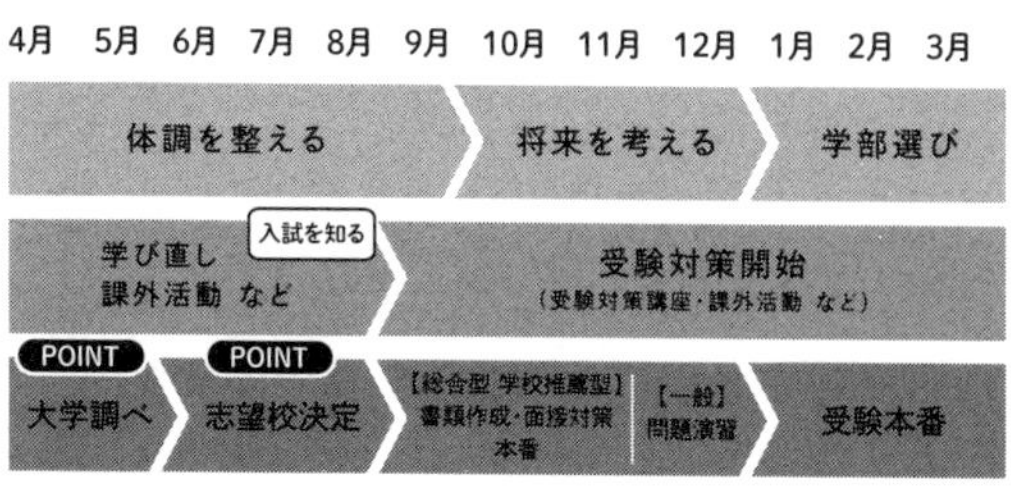

2つ目は、純粋に自分の興味・関心から大学進学を決めることができる、ということです。その第一歩として、心と体の調子が整ってきたら将来のことを考えてみるとよいでしょう。心と体のバランスがとれてくると、少しずつ自分の意思を取り戻してきますので、「将来はこの道に進みたい」「この仕事に興味がある」と方向性が見えてくる子もいます。本人がやりたい仕事が決まれば、専門学校へ行くのか、大学に行くのかを決めることができますし、仕事によっては大学での資格の取得が必要なケースもありますので、なんとなくでも将来について考えるというところから始めてほしいと思います。

そして、大学へ行くと決めたら、学部・学科選びから始めてみてください。スケジュールでは学部・学科選びを1年生の1月からとしてみました。これは、全日制高校ではこのころが「文理選択」の時期だからです。文理選択をするメリットは、自分の興味・関心を考えると同時に、自分の得意不得意などの適性も考えられることです。例えば「どうしても数学が苦手」という人は文系に進むケースが多いでしょうし、「数学は苦手ではないけれど文学的な文章を読むのが苦手」という人は理系の方に進むケースが多いでしょう。そして大学選びもその延長線上にありますので、文理選択をすることで自然と大学の学部・学科選びへ近づいているのです。
ところが通信制高校・サポート校・高認予備校の場合は文理選択がありません。そのため、意識をしていないと、自分の適性を見極められないまま大学進学の時期を迎えてしまいます。しかし、言い換えればこれは「面白そう」「やってみたい」という素直な気持ちで学部・学科選びができるということです。もちろん高校1年生の時点で学部や学科を決める必要はありませんので、まずはインターネットなどで興味のありそうな学問分野があるか調べてみてください。「面白そう」「やってみたい」という素直な思いで学問に興味を持つと、受験をするうえでのよいモチベーションになると思います。

2年生になってからは大まかに2つに分かれます。

1つは勉強に力を入れるケースです。学び直しから始めるのももちろんいいですし、得意な科目の学習をどんどん進めて学力を高めていくこともできます。また、まだ体調が万全ではないので、勉強は自分のペースで行いつつ、自分の好きなことや、やりたいことを楽しむという人もいます。

もう１つは課外活動に力を入れるケースです。通信制高校・サポート校から総合型選抜で大学へ行く人が多いのはこのためで、自由に使える時間を勉強以外、例えば英語を学ぶための留学や、部活動、スポーツ、アルバイトなどに使う人もいます。また、通信制高校・サポート校のカリキュラムの中でも総合型選抜でアピールできるような経験ができる学校もあり、元気があれば1年生のうちからいろいろな経験を積むことができますので、体調を整え、大学や学部・学科のことをなんとなく知った後、２年生から積極的に外に出ていくというやりかたもできます。

そして、夏休みにあたる7月、8月は数多くの大学でオープンキャンパスが実施されます。大学についていろいろなことを知る機会ですし、自分の目で大学を見ることができますので、ぜひ2年生のうちから（もちろん1年生からならなおよい）参加してもらいたいと思います。

この時期はまだ受験のプレッシャーもあまりなく、のびのびと過ごすことができる時期でもあります。そのため、あまり大学受験を意識しすぎず、勉強・課外活動などに取り組んで元気を取り戻すことにエネルギーを注ぐのもいいでしょう。

そしてついに3年生です。いよいよ受験の本番になります。

まず4月～5月には本格的に志望校をどこにするのかを考えながら情報を集めてください。この時期に進路ガイダンスを行う学校も多くありますので、「どこの大学に行くのか」を意識しながら選択肢を検討しましょう。

そしてゴールデンウィーク明けから8月にかけては今までに経験したことや学力を見ながら志望校を設定していきます。特に夏の間は各大学がオープンキャンパスを実施していますので、第一志望ではなくても受験を検討している大学のオープンキャンパスには必ず足を運び、最終的な志望校を決めていきましょう。複数の大学のオープンキャンパスに行くことによって、それぞれの大学の違いが分かってくるはずです。

そして9月以降はどの選抜方法で受験するかにより、スケジュールが少し異なります。

総合型選抜は９月に出願が始まります。大学によって「事前エントリー(6)を通過後に出願」する場合と「直接出願」する場合がありますので、それぞれの違いについて見ていきましょう。

まず事前エントリー通過後に出願する場合です。こちらは事前エントリーが８月の下旬などから始まりますので、夏休みに入る前には、志望大学の出願がどのようなスケジュールになっているかを必ず確認しておいてください。そして、事前エントリーについては、オープンキャンパスでの配信・対面での講義への参加、それに関するレポートの提出などが課されるケースがありますので、志望大学の事前エントリーがどのような形式で行われるのかも確認するとよいでしょう。そのうえで９月以降にエントリーシートや活動報告書などを提出し、個人面接を経て、その合格内定者のみが出願可能となり、10月からの本選考に臨む形となります。

続いて直接出願の場合です。直接出願の場合は、9〜10月をめどに入学願書、調査書、志望理由書（2000字程度など大学によって異なる）、出願資格を証明する書類（調査書、英語資格検定など検定試験の合格証書など）を添えて出願します。そして、書類選考を通過した人のみが、面接や小論文などの2次選考に臨みます。直接出願の場合ははじめに提出する書類が多くありますので、早めに着手し時間をかけて準備してください。

いずれの場合も、出願の際には提出資料が必要になりますので、まずは5月のゴールデンウィーク明けからスタートする大学のオープンキャンパスに参加して情報を集めておきましょう。オープンキャンパスのメニューの中に総合型選抜や学校推薦型選抜に関する説明があると思いますので、自分が受験するかもしれない大学のオープンキャンパスには必ず参加してください。

(6)　総合型選抜を受験するために出願前に行う手続き。事前面談、提出書類などによる審査が行われ、審査に通れば「出願」可能となる。

学校推薦型選抜の出願は11月からになります。

指定校推薦の場合は、夏にかけて高校内での選考が行われるなど、時期や情報の公表、選考方法などは高校によって異なると思います。指定校推薦は大学から各高校に出願できる学部・学科と人数、出願条件を指定して連絡があるので、通常は、大学のホームページなどには情報は掲載されません。各高校では春の段階で大学進学希望者を集めてガイダンスなどが行われると思いますので、その場で年間のスケジュールを確認しながら、どのタイミングでどのような準備を進めていけばよいのかを高校の先生と相談していくとよいでしょう。また、指定校推薦の情報を推薦条件に合致している生徒さんたちに個別に伝えるケースもあるようですので、学校推薦型選抜を考えている人はどのようなスケジュールで動いていけばよいのか、夏休みに入る前に確認しておくとよいでしょう。

公募制推薦の場合は、総合型選抜と同じスケジュールで進めていくとよいでしょう。大学によっては出願条件などが総合型選抜と区別がつきにくいこともありますので、ゴールデンウィーク明けからオープンキャンパスに参加し、志望校が決まったら高校の推薦がもらえるのかなどを早めに確認し、準備を進めていきましょう。

一般選抜は9月以降は追い込み時期に入ります。

一般選抜の場合はこの時期に志望大学の受験科目を確認しておくことが必要です。中堅から難関の私立大学では受験科目の選択の幅が狭くなってきており、2教科以下で受験できるケースは減ってきています。選択科目は文系であれば英語、国語、地理歴史公民または数学、理系であれば英語、数学、理科となります。英語はどの大学でも必要になってきますが、特に、地理歴史公民については日本史、世界史、政治経済、地理など、どの科目を選択していくのか、夏休みが終了する時点で決めておくとよいかもしれません。国公立大学では共通テストで5教科を受験する必要がありますので、国公立大学を目指すのか、私立大学に絞るのかの見極めも、この時点で必要です。同様に、数学はどこまでの範囲（数学ⅠA、数学ⅡB、数学Ⅲ）を学習するのか、国語は現代文、古文、漢文のどこまでの範囲を学習するのか、といったことも、志望大学の受験に必要かどうか、そして自分の学習がどの程度まで進んでいるかということを考えて決めていく必要があります。

また、追い込みの時期ではあるものの、夏までは順調に伸びていた学力がこの時期に伸び悩むというケースもしばしば見られます。現役生の場合は最後まで粘り続けることで学力は伸びますから諦めずに挑戦してほしいところです。その中でどうしても精神的なプレッシャーを感じてしまう場合は、学力の伸び悩みの原因を先生と相談しながら解決策と対応策を考えるとともに、志望校の再検討も必要です。

年明けは一般選抜の本番です。１月に共通テスト、２月・３月になると国公立・私立ともに個別試験が始まります。共通テスト以降は受験する大学によって入試の終わる時期が異なりますが、ここはぜひ全力で走り抜けてください。

続いて、高校2年生から転入（編入）で通信制高校・サポート校・高認予備校などに入る場合の流れを見ていきましょう。

転編入から入る場合も、流れとしては新入生の1年目と同じです。やはりはじめの3カ月〜半年くらいは心や体の調子を整えることを優先するとよいでしょう。心と体の調子に特に問題がない人は、それまでの遅れを取り戻すことも含め、新しい環境に移ってからすぐに動き出したいという思いがあるかもしれません。しかし、転編入で新しい環境に順応していくにはそれなりにストレスがかかりますし、レポートやスクーリングなど学習方法も今までと変わってきますので、まずはそこに慣れていくことが大切です。また、受験時期が迫ってくると誰もがプレッシャーを感じますので、それを乗り越えるためにもきちん

■ 大学受験までのスケジュール（転編入生の場合）

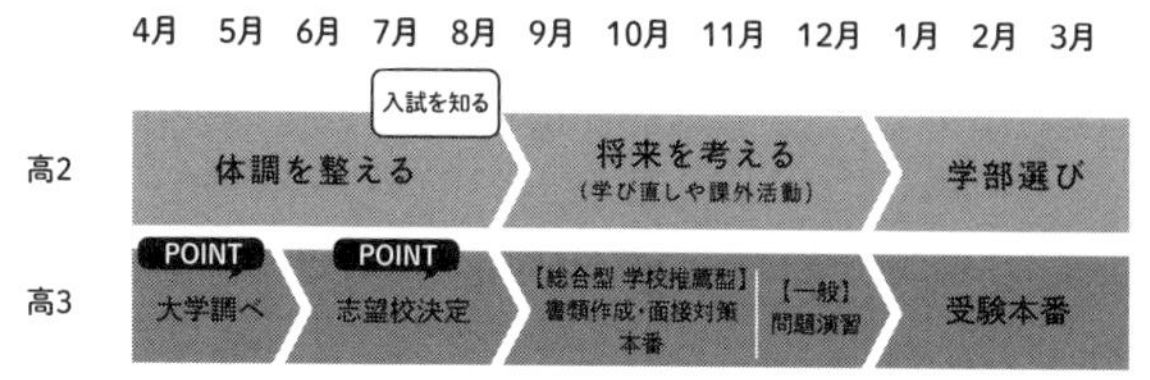

と生活リズムを作っておくとよいでしょう。本人にやる気があるのなら、受験に向けて動き出すのもいいかもしれませんが、この段階では焦らず、まずは心と体の調子を整えながら自分のペースで学習を進めてほしいと思います。

また、「子どもが大学（進路選択）への興味をなかなか示さない」「学校に行ったり行かなかったりを繰り返している」という声を聞くこともあります。大学や進路に意識が向かないということは、まだ本人は次のステップに進む自信がなかったり、今の状態を変えることに対する不安があるのではないかと思います。自信がない状態で次の進路を決めるのは難しいことですし、望む結果を得るために克服しなくてはいけないことに向き合うのも難しいと思います。そのため、「大学へ行きたい」という意思が本人からまだ出てこないのであれば、無理やり大学進学について考えるのではなく、まずはスケジュール管理をしながら日々のレポートや提出課題を確実にこなしていくことによって自信をつけましょう。そして、学校のイベントなどにも参加し、生徒さん同士や先生など家族以外の人と関わりを持ちながら少しずつ外部へ視界を広げ、本人が次のステップへ進みたくなる時期を待ち、その時点でどうするのかを決めるほうがよいと思います。

もしも、この時点で本人が動き出せないようであっても、高校3年生になってからは、4月からの「大学を知る」、6月からの「行きたい大学を考える」「志望校を決める」という動きはとれるようにしてください。この時期に動き出すことができれば、志望大学や選抜方式など選択肢を狭めずに大学受験を考えることができます。また、保護者の方だけでもオープンキャンパスに参加するなどして本人のやりたいことに合いそうな大学の情報を収集しておき、本人が大学進学に対する興味が出てきたタイミングで収集した情報を提示し、一緒に考えたりしてあげられるように準備をしておくのもよいと思います。

それでは続いて通信制高校・サポート校・高認予備校をどのようにして活用していくのかを見ていきたいと思います。

活用法１　課外活動を充実させて、総合型選抜へ

通信制高校・サポート校は全日制高校に比べて自由に使える時間が多いので、勉強のほかにも課外活動も行っていけると、その活動が大学進学につながります。

通信制高校の中には総合型選抜でアピールできるような経験が積めるカリキュラムを設けている学校もあり、最近はｅスポーツやプログラミングなどの情報分野が学べたり、職業につながる実践的な学びができたり、企業や外部の機関と連携しながらプレゼンテーション大会を行っていたりするなど、バラエティ豊かなメニューが用意されています。ここでさまざまなことに触れていく過程の中で、自分のやりたいことや興味のあるものを発見したり、活動の中から生まれてきた疑問を解決し、さらに理解を深めるために学びたい、そのために大学に行きたい、というように、学びの目的が明確になるような経験ができるとよいですね。

また、総合型選抜はアルバイトやボランティア活動、留学など、学校外で行って

いる活動も評価の対象となりますので、外に出ていける人はそれらの活動をするのもよいでしょう。例えば、お金を得るために始めたアルバイトから興味が広がり、大学でさらに理解を深めたいということでもよいと思います。また、アルバイトはお客さんや一緒に働く人とコミュニケーションをとる必要があるので、対人関係のスキルを身につけることにもつながると思います。そして、不登校を経験した子も対人関係に対する自信がついて、仕事の一部を任されるようになると、自分が必要とされている実感ができますし、それによって自己肯定感を高めることができるというよい経験ができると思います。

そのほか、留学の経験なども大学進学に役立ちます。留学は保護者の元を離れての生活になりますので、健康面やメンタル面の不安、さらに費用の問題もありますが、異文化に触れ、英語力を向上させることはとても有意義だと思います。英語はどの学部・学科を選ぶにしても一般入試ではほとんどの場合必要になりますし、総合型選抜や学校推薦型選抜の学力評価の保証としても極めて有効です。通学が前提の全日制高校の場合は長期の留学に行くことは卒業時期が遅れるなどマイナス面がありますが、通信制高校の場合は卒業時期をずらすことなく留学が可能です。そのため数カ月単位の留学プログラムに参加してみたり、１〜２年など長期の留学について検討してみてもよいかもしれません。

それでは課外活動で得た経験をどのように活かしていけばよいのでしょうか。

総合型選抜の合格ポイントは、**提出書類と面接を通して、自分が熱心に取り組んできた活動が大学のアドミッション・ポリシーに合致していることをアピールし、「この大学が自分にとって最適である」「この大学に入りたい」という意思をしっかりと伝えられるようにすることです。**

ポイントとなるアドミッション・ポリシーとは、大学（または学部・学科）が自らの教育理念などを踏まえ、どのような入学者を受け入れるかを定めた方針のことです。具体的にどのようなものなのか、ある大学のアドミッション・ポリシーを例に挙げてみました。

A大学のアドミッション・ポリシー

本学は、豊かな教養と実学の習得により、自立した人間として共生社会に寄与することのできる資質と能力を備えた職業人の育成を教育の目標としています。そのため、入学予定者には、これらに必要な下記の資質を備えた人材を求めます。

1

高等学校の教育課程を幅広く習得し、これに基づいて読む・書く・聞く・話すことを通して他者とコミュニケーションし、協議することができる。

2

社会の多様な事象に興味をもち、積極的に情報を整理して、主体的に判断し、表現しようとする態度を持っている。

3

自らの専門分野の知識・技能に基づいて社会に貢献したいという将来目標と、それを誠実かつ勤勉に学習する意欲を持っている。

少し抽象的な表現ではありますが、「コミュニケーション」「主体的」といったキーワードは自分の今までの活動につなげられる部分があると思います。総合型選抜を選ぶのであれば、目指す大学のアドミッション・ポリシーを調べて、「自分が経験したことを社会に還元できるようこの大学で学びたい。この大学はそのために最適なので入学したい」と伝えられるようにしましょう。

そして同じく重要なのが入学志望理由です。「なぜこれを学びたいのか」、「学んだことを活かして将来どうしたいのか」「そのためにこの大学でどのように学んでいくのか」「同様の学びができる大学がたくさんある中でなぜこの大学を選んだのか」といったことをきちんと提出書類の中で表現し、面接の場でも自分の言葉で面接官に伝えられることが大切です。また、「なぜこの大学を選んだのか」ということを的確に表現するためには、いくつかの大学の特徴を比較する必要があるので、志望大学のホームページを見ることはもちろん、いくつかの大学のオープンキャンパスに足を運び、実際に自分の目で見比べてみましょう。それぞれの大学の違いを踏まえ、「自分はこの大学に入りたい」という理由を明確にしておいてください。

活用法2　質のよいレポートで評定を上げ、学校推薦型選抜へ

通信制高校の場合は、スクーリングにきちんと参加し学期末や学年末の試験で高得点をとれば、5.0などの高い評定値が取れますので、日々コツコツと学習を続けて成績を維持できると、学校推薦型選抜も視野に入ってくると思います。そのうえで、学校推薦型選抜は高校での活動が評価対象になってくるので、部活や生徒会活動、文化祭での活動などに積極的に関わっていくとよいでしょう。また、学校推薦型選抜は高校から大学へ推薦(7)するという形になるので、日ごろから学校の先生たちとコミュニケーションを取ることも大切かと思います。

(7)　理系の大学に進学を希望している場合は、推薦条件の中に「数学Ⅲを履修していること」「化学か物理（4単位科目）を履修していること」など、特定科目の単位取得が要件とされるケースもありますので、そちらも確認しておきましょう。なお、特定科目の単位履修制度を用意している学校もありますので、各校に確認するとよいでしょう。

それでは続いて、学校推薦型選抜の合格までの流れを見ていきましょう。

学校推薦型選抜の中でも「指定校制」は、大学が指定する条件をクリアし、さらに校内での選考に合格すれば出願が可能となります。そして、通常は校内の選考に通れば、基本的に大学にも合格という流れになっています。ただし、「専願」としている大学が多く、「とりあえず安全校として合格をキープしておきたいから指定校制で合格しておこう」ということはできませんので、出願するときからよく考える必要があります。

また、指定校推薦の場合、必ずしも大学のすべての学部から推薦が来るわけではありません。例えば自分の志望はA大学の法学部だけれど、A大学の指定校推薦は文学部しか来ていない。一方、B大学はA大学より自分にとっての志望順位は低いけれど、法学部の指定校推薦があるなどの場合はどうしたらよいでしょうか。

大学選びはあくまでも「学びたいことが学べる」を前提とするのが基本ですが、B大学と比較してどうしてもA大学に対する憧れが強いのであれば、文学部の中で自分が興味のある分野の学びができるのかということを、カリキュラムを調べて確認したうえで出願するのも一つの方法かもしれません。

そして、指定校制で入学した場合、大学を中退してしまうと、翌年から在籍している高校がその大学の指定校から外されてしまう可能性もないとはいえません。それは高校の後輩たちにも迷惑がかかることですので、指定校制での受験を検討する場合には大学のカラーやカリキュラムなどを十分確認し、自分に合っている大学か、自分の学びたいことが学べる大学かを確認し、「必ず卒業する」という意識を持って志望校を決めていきましょう。

「公募制」については大学が指定する条件をクリアすれば校内での選考はなく、誰でも出願できる制度です。こちらは併願可としている大学もありますので、行きたい大学の条件を満たしているようであれば利用を検討してみるのも一つの方法です。また、大学によっては学校長の推薦が必要な場合もありますので、その際は在籍する学校に確認してみましょう。

では、学校推薦型選抜で大学から最も重要視されるものは何でしょうか。それは志望動機です。総合型選抜と同じように、なぜこの学問を学びたいと思ったのか、なぜこの大学なのか、学んだことを将来どう活かしたいのかという3つのことをきちんと自分の言葉で書類にまとめるのはもちろん、面接の場でもしっかりと伝えられるようにしましょう。

また、それは面接の際に、毎日の通学に支障がないということを自分から説明する機会をつくれるとよいでしょう。それは、通信制高校の人や高卒認定試験合格の人の場合「不登校経験者」という目で見られてしまう可能性も否定できないからです。学校推薦型選抜で受験する人の多くは例えば評定が4.5以上であったりするなど、かなり成績のよい人が多いと思いますが、大学側は他の受験生と合わせて評価するので在籍高校が「全日制」か「定時制」か「通信制」という区分でも比べられてしまう可能性があります。特に大学は在学途中で辞められてしまうと困るので、「4年間通うことができるか」という点をかなり厳しく見ています。そのときに面接できちんと通学できることを伝えないと「高校時代に毎日通学してきた実績」が保証されている全日制の人のほうが有利に見られるかもしれません。そのため、面接官に聞かれなくても、週5日通学コースの人の場合は毎日通学していること、不登校経験者の場合は工夫して通学できるようになったことを自分から伝えられるとよいと思います。

活用法3 学習負担を減らして、一般選抜へ

一般選抜の場合、「学力＝入試での得点」になりますので、いかにして学力を高めるかを考えていく必要があります。厳しい言い方かもしれませんが、高卒資格の取得や高卒認定試験合格が大学に合格できる学力を保証しているわけではありません。これらはあくまでも「高校を卒業したといえるであろう最低限の学力は確保している」というものであり、大学に合格する学力はそれぞれが志望する大学のレベルを考えて、自分で身につけていかなければいけません。

では、通信制高校・サポート校・高認予備校から大学に合格するための学力はどのようにして身につけていったらよいのでしょうか。

方法としては、大まかに分けて

（1）大学受験対策ができる通信制高校・サポート校・高認予備校に通う
（2）高校卒業にかかる日々の学習を減らして塾・予備校を利用する

という2つの方法が考えられます。

それでは**（1）大学受験対策ができる通信制高校・サポート校・高認予備校に通う**というところから詳しく見ていきたいと思います。

通信制高校の中にも、大学受験に力を入れている学校があります。オプションのプログラムにはなりますが、通学コースの中で授業があったり、大学受験対策講座などのカリキュラムがあるので、その制度を活用しながら大学受験に必要な学力を補っていきます。

サポート校の場合も同じです。大学受験対策講座などがカリキュラムの中に用意されていたり、サポート校自体が塾・予備校としての役割を果たしているケースもあります。特に予備校系列の学校には、大学に関する情報が豊富に提供されており、自習室が利用できるなど、大学受験に集中できる環境も整っているので、とてもよいと思います。

高認予備校の場合ですが、高卒認定試験の合格者は、大学に進学することを前提として考えている人が数多くいますので、高卒認定試験の勉強もサポートしながら、大学受験に向けた学習ができるようなカリキュラムを設けています。高卒認定試験の合格に必要な科目と、大学受験に必要な科目が異なる場合でもそれぞれに必要なレベルに応じて教えてくれますので、そのときの状態に合わせて学力を伸ばしていけると思います。

不登校のお子さんの場合、対人面に不安があると、新しい環境で勉強することにストレスを感じたり、勉強する場所にどんな人がいるのか、授業中に先生にあてられるのではないか、遅刻したら教室に入れないのではないかといったことを気にする人も少なくありませんが、通信制高校・サポート校・高認予備校であれば、自分のペースで無理せず受験に向かうことができると思います。

また、「大学受験のためには予備校のような環境で勉強しないとだめですか？」という質問もよく受けますが、不登校を経験した子の場合は自信がなかったり、よくある予備校の、競い合いながら勉強するというのでは苦しくなってしまうので、メンタル面にも配慮しながらサポートもしてもらえる環境を選ぶのも一つの方法です。私どもの河合塾コスモもそうですが、不登校に理解があるところでは、基礎的な学び直しから大学受験まですべて同じ場所で完結することができるので、安心して受験に向かえるというメリットがあります。

続いて**（2）高校卒業にかかる日々の学習を減らして塾・予備校を利用する**という方法について考えてみたいと思います。

当初から通信制高校とは別に塾・予備校を利用する人もいます。主に、大学受験対策は小・中学生のころから通っている塾を利用したいという人や、高校から転編入する時点ですでに予備校に通っている人などです。その場合は、通信制高校のネットコースや、月１・週１・週２コースなどに在籍して日々の学習負担を減らし、受験勉強に時間を使うことで効率よく学習が進めています。河合塾コスモに来ている生徒さんの中にも通信制高校のネットコースなどの通学負担の少ないコースで高校卒業資格取得を目指しながら、生活リズムを整えるために昼間の時間は河合塾コスモで友達と過ごしたり、大学受験に向けた勉強を行っている人もいます。ネットコースは通学の分の学費がかからないので、費用の面でも負担が軽減できるというメリットもあるようです。

塾・予備校のメリットは、カリキュラムが大学受験に必要な学力を身につける設計になっているので、自然と大学受験に必要な学力が身につくことだと思います。通学負担を調整してうまく活用すれば、高3からでも十分学力を伸ばせるので、うまく活用してください。

また、大学に進学したいという思いはあるものの、「大学進学に強い」という理由だけで学校や塾を選べないという人も、この方法を利用するとよいと思います。それは、大学進学は所属する学校や塾を選ぶうえでの大きなポイントではありますが、それ以上にご本人が大切にしたいものがあるかもしれないからです。

例えばよくあるのは友人関係についてです。大学進学も大切だけど、それと同じくらい同年代の友人との関わりを大事にしたい、日々の生活を楽しみたいと思っている人にとっては、すぐに大学進学に向けて準備を行うことよりも、気の合う友人ができそうな環境を選ぶことによって、将来を考えられるようになります。

大学受験を行うのは、環境を整えた後からで大丈夫です。実際に、学校は通いやすいところ・行きたいと思うところを選び、高2〜3年生の受験の必要が出てきたときに、塾や予備校に通い出すという方も多くいます。本人の意思があればアレンジができますので、まずは本人の大切にしたいものがどこにあるかを考えてみて、もしも大切なものが複数ある場合は、何を優先するのかを一緒に考えていただきたいと思います。

そして一つ現実的な話をしますと、難関大を目指すのであれば、難関大対策ができる通信制高校・サポート校・高認予備校へ行くか、通信制高校とは別に塾・予備校の利用を考えることが必要だと思います。大学進学に力を入れている通信制高校は周りの人も大学進学を目指しているのでその流れに乗れるというメリットがありますが、学校内の受験対策講座で、どのレベルまで対応できるかはそれぞれ違っています。中には通信制高校の受験対策講座を受けつつ、別に塾・予備校を利用している子もいますので、目指したい大学のレベルがすでに決まっている場合は、入学する際にどこまで対応できるのか確認するとよいでしょう。

通信制高校・サポート校・高認予備校だからできること

ここまでで総合型選抜、学校推薦型選抜、一般選抜と3つの活用例を見てきました。いろいろな方法があることはお分かりいただけたかと思いますが、どうすればよいか迷われる方も多いと思います。

結論から言うと、活用方法については

- **大学進学の意思はあるか**
- **目指したい大学のレベルは決まっているか**
- **どの入試方法で受験をするか**

で変わってきます。

では、具体例を挙げながら活用例を見ていきましょう。

まずは国公立大学や「早慶上理」・「ＧＭＡＲＣＨ」・「関関同立」以上(8)など難関大を目指して大学受験対策ができる通信制高校・サポート校・高認予備校を選びたい場合です。

通信制高校・サポート校・高認予備校から総合型選抜・学校推薦型選抜で難関大を目指したいのであれば、教科の勉強以外に課外活動を積極的に行っていきましょう。

総合型選抜の場合は、スポーツや文化活動などで全国レベルの優れた成績を残した、数カ月から年単位の海外留学をして貴重な知見を得た、といった「実績」が見える経験があるとよいでしょう。

(8) 大学受験では比較的難易度の近い大学をグループ分けして呼ぶケースがあります。早慶上理（早稲田・慶応義塾・上智・東京理科）、ＧＭＡＲＣＨ（学習院・明治・青山学院・立教・中央・法政）、関関同立（関西学院・関西・同志社・立命館）、ほかにも日東駒専（日本・東洋・駒澤・専修）、産近甲龍（京都産業・近畿・甲南・龍谷）などがあります。

学校推薦型選抜の場合は、まずは目指したいレベルの大学の指定校推薦が学校に来ているかを確認しましょう。そして、日々のレポートですべて5段階評価の5が取れるくらいの好成績を維持しつつ、学校内の活動にも積極的に参加しましょう。

難関大ともなると、総合型選抜や学校推薦型選抜でも、さまざまな輝かしい実績を持つ他の受験生との競争に勝たなくてはいけません。また、学校推薦型選抜（指定校制）の場合であっても生徒数が多い学校の場合は、厳しい校内選考をクリアしなければいけないので、決して簡単な道ではないということは理解しておきましょう。

それでは一般選抜で難関大を目指すとなるとどうでしょうか。

国公立大学では募集定員の8割が一般選抜による入学で、私立大学でも難関と呼ばれる大学では一般選抜での入学比率が私立大学全体の平均値より高くなっています。総合型選抜や学校推薦型選抜でも合格の可能性はありますが、難関大については一般選抜がメインのルートになっていますので、実は学力を高めることが合格の近道なのです。

一般選抜で合格できるくらいまで学力を伸ばすならば、活用法3で書いた通り

（1）大学受験対策ができる通信制高校・サポート校・高認予備校に通う

（2）高校卒業にかかる日々の学習を減らして塾・予備校を活用する

という方法が考えられます。

（1）の中でも、難関大を目指すのであれば、塾・予備校系列のところがおすすめです。大学入試に関する情報は毎年のように変化していきます。その情報を早く・正確に知っておくことが合格への第一歩ですが、それを自分で調べるのはなかなか手間がかかります。その点、塾・予備校系列のところには大学入試、特に難関大入試に関する情報が豊富にありますので、受験する年の情報をすぐに入手できます。

また、受験方式をどう選ぶかなどの相談ができたり、受験日程の効率的な組み方なども指導してもらえるのも大きなメリットです。現在の大学入試は、受験方式・日程にも多くの種類があり複雑化しています。その中で志望大学合格をかなえるには、自分に合った方式で受験に臨むことがカギになりますので、ぜひ塾・予備校の情報をうまく活用してほしいと思います。

（2）については、本人が「難関大を受験したい」と思ったタイミングで対策ができるというメリットがあります。不登校のときは大学へ行けるか分からなかった子でも、自分のペースで過ごして自信を取り戻すと、「難関大へ行きたい」と言い出す子もいます。その場合はネットコースや週1回もしくは隔週1回程度のコースに切り替えるなどをして、より多くの時間を大学受験のための勉強に使えると、効率よく進めることができると思います。特に難関大となると学力試験の内容も難しく、各大学によって出題傾向も変わってきますので、試験に合格するには基礎的な学びは早めに終わらせて、問題演習に時間をかけるほうが合格できる可能性は高くなります。時間が多く取れる分、学校へ行けていなかった期間も学び直しや、苦手教科の克服のための勉強にも手をつけられるかと思いますので、ぜひ通信制高校・サポート校・高認予備校ならではの時間の使い方をしてみてください。

そして難関大を目指したいのであれば、学力としっかり向き合わなければいけません。ここまでも申し上げている通り、高1からの学習が通信制高校やサポート校でのレポート作成や課題提出だけだった場合、難関大へ合格する学力をつけるのは難しいのが現状です。数値で例えてみると、模擬試験など何も受けず、学校での学習だけを行ってきた人の場合、いきなり模擬試験を受験しても高3の4月の時点では偏差値40にも満たないかもしれません。難関大学進学を目指す全日制高校にいる人たちは同じ時点で受験生のほぼ平均的な位置となる偏差値50以上の状況にあると思いますので、高2終了までに受験勉強をスタートしていない方にとって、高3から勉強して難関大へ合格するためにはかなりの学習量が必要となってきます。

そのため、難関大へ行きたいと考えるのであれば早い段階で規則的な学習の習慣をつけてほしいと思います。もちろん高校1年生から受験を意識して勉強に取り組めると良いと思いますが、遅くとも2年生の前半から、少しずつでも勉強への取り組みを始め、苦手分野を克服していけると合格できる可能性も十分に出てきます。とはいっても、受験勉強をこなす気力と体力が充実している人はそこまで多くありませんので、あくまでも自分のペースは崩さず、毎日コンスタントに学習を進め一つひとつ理解できることを増やし、少しずつハードルを越えていくという意識を持っていくとよいでしょう。

（1）（2）の方法をふまえると、難関大対策を行っている通信制高校・サポート校・

高認予備校が見つかったら、総合型選抜・学校推薦型選抜・一般選抜のいずれの方式による大学合格実績かを確認し、自分がどの選抜方法で受験を目指すのか見極めてほしいと思います。また、それぞれが公開している合格実績が単年度のものなのか、過去数年分を合算したものなのかをも確認するとより正確な実績というのが知ることができるでしょう。

続いて、現時点で志望校は決まっていないが「大学進学はしたい」とは思っているお子さんの場合です。この場合は大学受験対策が行われているかどうかを意識しすぎず、自分にとって過ごしやすいと思えるところを選ぶとよいと思います。

これまでさまざまな不登校・高校中退を経験したお子さんの大学受験を見てきましたが、やはり最初の一歩となるのが、毎日学校へ通わなくてもいい環境で、安心感を得ることだと思います。河合塾コスモに来るのは「大学受験に向かって勉強したい」という子たちです。そのように明確に「将来は大学へ進学したい」と思っている子でも、すぐに元気になって受験勉強に向かえるようになる子というのは多くありません。安心して大学受験に向かえる環境というのは一人ひとりによって異なりますので、友達ができるようなところがいいのか、静かで落ち着いて過ごせるところがいいのか、家から近いところがいいのかなど、いろいろな軸で考えてもらいたいと思います。そして保護者の方としては、「本当に大学へ行けるのか」というのが心配となる部分かと思いますが、入学するときには意識していなくても、自分に合った環境で過ごしているうちに少しずつ元気を取り戻し、楽しみながら経験したことがきっかけで大学受験につながっていくケースがたくさんありますので、お子さんの選択を尊重してほしいと思います。

通信制高校のカリキュラムにはゆとりがありますので、必要になれば大学受験対策をするための時間は後からでも作ることができます。ですから、「進路についてまだ決まってはいないけれど、なんとなく大学には行きたい」と漠然と思っている人や、「できれば大学に行けたらいいな」と思っている人は、まずは今の自分自身が楽しく過ごせる場所を探してみてください。そして自分自身が元気を取り戻しながら生活リズムを整えることができる、環境をぜひ上手に活用していってほしいと思います。

Column 2

コラム2

総合型選抜・学校推薦型選抜の学力評価について

受験を考える際に、総合型選抜・学校推薦型選抜については学力評価が必要ない（学力評価の負担が少ない）と考える方も多いのではないでしょうか。実際、総合型選抜・学校推薦型選抜ではほとんどの場合、志望理由書・学修計画書などの事前提出書類や調査書に重きが置かれていますが、その中で現在の制度では、共通テスト、小論文等、プレゼンテーション、口頭試問、実技、各教科・科目に係るテスト、資格・検定試験の成績などで学力を確認することが必須とされています。

つまり、総合型選抜・学校推薦型選抜でも、その大学としても入ってから勉強するために必要な知識を持っていることを受験生に求めており、実際の試験でもさまざまな形で学力を見る動きがあります。通信制高校・サポート校からも総合型選抜・学校推薦型選抜で進学したいという人も多くいますので、どのように対策できるか見ていきたいと思います。

Column 2

国公立大学の総合型選抜・学校推薦型選抜で学力評価の方法としてよく使われているのが共通テストです。総合型選抜、学校推薦型選抜ともに4割程度で利用されています。共通テストは「大学教育の基礎力となる知識・技能や思考力、判断力、表現力等を問う問題」ですので、入学後に必要な学力を見るための指針として利用されています。難関国公立大学では、合格に必要な共通テストの得点率を高く設定しているところもありますので、出願を希望する大学の最新の募集要項を必ず確認してください。

共通テスト以外ですと、総合型選抜では大学独自の基礎学力試験が、学校推薦型選抜では調査書がよく利用され、小論文、面接による口頭試問、プレゼンテーションなども併用して学力評価が行われています。

私立大学では、学力評価の方法として共通テストを利用する大学はほとんど見られず、総合型選抜では大学独自の基礎学力試験を課す割合が、学校推薦型選抜では小論文を課す割合が高くなっています。それ以外の方法としては、口頭試問、プレゼンテーションで学力評価を行うケースが見られます。また、総合型選抜では受験生のこれまでの活動やその成果を評価しようと資格・検定試験の成績を利用する大学が増えており、合否判定の際に参考とする、あるいは判定を優遇する割合が高くなっています。

Column 2

小論文についてはいくつかのパターンがありますので志望校の傾向を把握し、早くから練習しておくとよいでしょう。小論文には「課題文読解型」「図表分析型」「テーマ型」などの出題形式があり、英文読解力が求められたり、理科や数学の知識を前提とした分析力や発想力が求められる場合もあります。多くの場合、大学での学びと関連するようなテーマを通して知識や理解力を見るので、日ごろから志望学部・学科の学びに関連する分野に興味を持っていくようにしましょう。また、テレビや新聞などで大学での学びに関連するニュースに注目したり、その分野に関する入門書のようなもの（高校生向けのようなレベルでもよい）を読んでおくと、よりよいでしょう。そのうえで、文章を読んで内容を正確に理解してまとめ、自分の意見を述べたりデータを分析するという作業が必要なので、現代文の授業で文章を読む力をしっかり身につけましょう。

口頭試問は面接の場で行われ、教科・科目の基本的な内容を理解できているかが問われます。例えば英文系の学科では英語で面接された、栄養などの理系の学部では化学などの基本的な内容について質問された、といったケースもありました。ここで聞かれるのは主に志望する学部・学科に関連する教科・科目についてです。そのため、総合型選抜・学校推薦型選抜で筆記試験が課されない場合でも、口頭試問で迷わずに回答できるくらいまで学習を進めておくことが必要です。

プレゼンテーションは、特定のテーマについての口頭発表です。試験当日にその場で与えられたテーマに対する関心や理解力が試されるとともに、自分自身の考えを、その根拠を含めて限られた時間の中でコンパクトに説明できるかが問われますのでその場でできるように備えておきましょう。

総合型選抜・学校推薦型選抜で行われる学力評価には、本人が学びたい学問を学ぶために最低限必要な基本的な学力を身につけておいてほしいという大学側の意図があります。このため、受験の対策としてはもちろんですが、大学入学後のことも考えて志望する大学が求める学力レベルに到達できるよう学習を継続することが大切です。すべての教科について一般入試と同密度の勉強を行う必要はありませんが、大学での学びと関連の深い教科・分野についてはしっかり学力をつけておくということを受験段階から意識してほしいと思います。また、文系、理系を問わず大学入学後に英語で原書を読むことを考えれば、英語の学力も必要となるでしょう。

第4章　自分のための大学選び

大学はどんな場所？

この章では「大学で何ができるのか」ということを詳しく見ていきたいと思います。

大学進学をしたいと思っているお子さん本人も、また大学へ行った保護者の方も、改めて「大学とは何ですか？」と聞かれて答えることができるでしょうか？　実は大学は小学校・中学校・高等学校といったそれまでの「学校」と言われる場所とは違う点がいくつもありますので、その特徴をふまえながら、大学とはどんな場所で、何ができるのかを考えていきましょう。

大学には大きく分けて

①　４年間をかけて専門分野を学ぶ
②　選択の基準が「偏差値」以外にもたくさんある
③　時間割を自分で決められる

という3つの特徴があります。

それでは①の「4年間をかけて専門分野を学ぶ」というところから見ていきたいと思います。

「4年間をかけて専門分野を学ぶ」というのは、大学の一番大きな特徴と言えると思います。その特徴については高校と比較すると分かりやすいので、高校の普通科に入った場合を例に違いを見ていきましょう。

高校の普通科に進学した場合、普通科に入った人は、ほとんど国・数・英・理・社の5教科を学ぶようなカリキュラムになっています。入った後の授業の進捗状況などには違いがあるかもしれませんが、ここの普通科高校では国語は学べません、この普通科高校は数学を教えていません、ということはありません。つまり、どこの高校でも、普通科に入ってしまえば学ぶ内容についてはほとんど同じだと言えるのです。

では大学の場合はどうでしょうか。次のページで大学での学びの対象を一覧にまとめてみました。

■ 大学での学びの対象

文化を味わう
文学 外国語学
史・地理学
文化学、芸術学

人間を知りたい
哲・宗教学 心理学
教育学・教員養成系
児童学 人間科学

社会の仕組みを考える
社会学 社会福祉学
国際関係学 法学
政治・政策学 経済学
経営・商学

自然の原理を探る
数学 物理学
化学 生物学
地球科学

技術を作る
機械工学　材料工学　航空・宇宙工学
電気・電子工学　応用化学　デザイン工学
情報・通信工学　生物工学　土木・環境工学 建築学

食と環境を守る
農学 環境学
獣医学

健康に生きる
医学 歯学 薬学
看護学 医療技術系
スポーツ・健康科学

より良い暮らしへ
被服学
食物・栄養学
住居学 生活科学

文化、人間、社会の仕組み、自然の原理、技術、食と環境、健康、暮らしといったように、大別しただけでもこれだけ幅広い学びの対象があり、これだけたくさんある専門分野の中から何を学ぶのかを選びます。そして、専門分野を学ぶというのにいろいろな意味が含まれます。例えば英語が好きで、外国語学部の英語学科などを選べば、英語に関することを中心に学ぶことができます。また、大学では苦手な科目を避けるということもできるので、大学受験のために勉強が大変だったという人も大学での学びは楽しいかもしれません。さらに大学によっては、複数の分野を選択して学びを進めることができたり、１年次に幅広く関連分野を学んだ

■ 高校受験と大学受験の違い

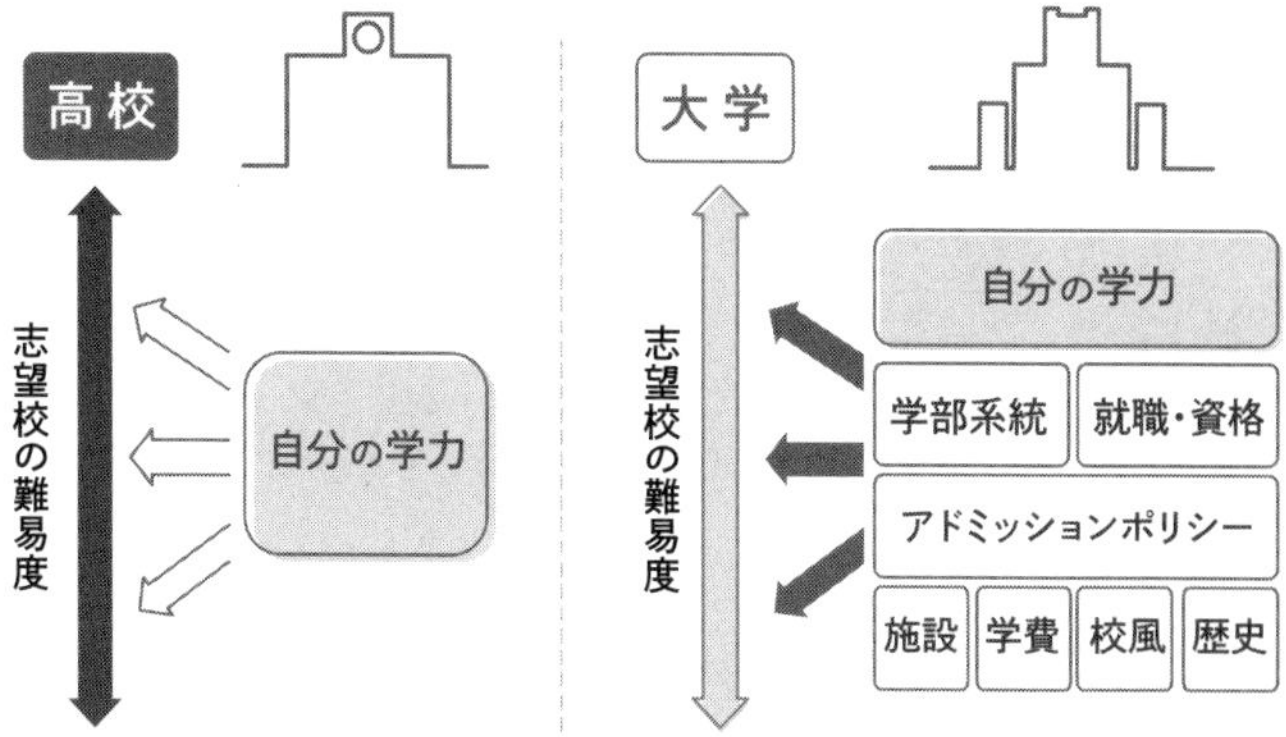

うえで2年次以降に専門的な分野を決められる場合もありますので、自分の学びたい方向性を調べてみるのもいいでしょう。

続いて、②の「選択の基準が『偏差値』以外にもたくさんある」について見ていきます。

こちらも高校も例に挙げていきましょう。全日制高校の普通科では入学後に学ぶ科目に大きな違いはありません。では、どのような基準で高校を選ぶかというと、おそらく多くの人は、学校の特色や卒業後の進路などを比較するとともに、入学難易度を示す「偏差値」によって合格の可能性を判断し、学校を選択していると思います。

一方、大学の場合は偏差値という基準ももちろんありますが、先に述べた「学部・学科」に始まり、「就職」「資格取得」「施設」「学費」「校風」「歴史」…など選ぶ基準が数多くあります。そのため、同じ大学・学部・学科に入学した人でも、「家から近く通いやすいから」と通学負担を優先した人もいれば、「オープンキャンパスに行ったときの先生や学生さんたちの雰囲気がよかったから」と学生生活の過ごしやすさを優先した人、「自分が目指す国家試験の受験資格が得られるから」と将来の希望進路実現のために入学した人など、選んだ理由がさまざまです。

さらに、③の「時間割を自分で決められる」というのも、不登校・高校中退経験のある人にとっては都合のよい点だと思います。通信制高校・サポート校の人にはなじみ深いかもしれませんが、大学の多くは単位制です。選択可能な範囲の中から自分のプランに従って授業をとることができるので、午前中や曜日ごとに空き時間を作ることもできます。また、学ぶ内容も、関連分野の科目を幅広くとってみたり、専門分野を中心に深く学ぶなど自由に組み合わせが可能です。大学・学部・学科によっては必修科目が多く実験や実習などで時間割が固定される場合もありますが、高校までと比較して一人ひとりの時間割が異なるため、自由度の高い環境で勉強ができます。

大学は自分のために行く

大学とはどのような場所かがイメージできたら、次はどのように「自分のために」大学進学をするのかを考えていきましょう。

保護者のみなさんはお子さんが何を目的に大学に行くのか考えたことはありますか？　大学進学率が50％を越えている現在、「みんなが大学へ行くから」「なんとなく」「特にやりたいことはないけれど、まだ働きたくないから」など、お子さんが大学進学を希望する理由はいろいろあると思います。

河合塾を卒業して大学に進学する生徒さんたちに「大学へ進学する理由の中で最も重視するもの」を聞いたアンケートによると、最も多かった回答が「希望する業種・職業に進みたい」で35％を占めていました。次に「就職に有利」「専門知識を深めたい」「幅広い教養を身につけたい」の順となっています。つまりこの結果からも分かるように、大学進学を「自分のために」行くものと捉えられるようになるためには、「何を身につけて社会に出るのか」「何を学びたいのか」を明らかにすることが必要だと思います。

一番イメージしやすいのは、自分が将来やりたい仕事は何かを考えることでしょう。やりたい仕事が決まれば、「その仕事に就くためにはどのような資格が必要なのか」→「大学で何を学んだらよいのか」→「それが学べるのはどのような学部学科なのか」、といったように具体的に大学進学を検討していくことができます。そして、将来就きたい仕事が決まった人は、その時点で「自分の目的のために」大学へ行くという意思が固まったと言えるのではないでしょうか。

では、将来、やりたい仕事・就きたい職業がない人はどうしたらよいのでしょうか。そういった場合は、大学に行くメリットを知ってもらうのもよいでしょう。

その代表例が給与の差です。まだ自分でお金を稼いで生活したことのないお子さんには少し難しいかもしれませんが、大卒と高卒の男女の月額賃金[9]で比較をした場合、25歳～29歳では16％の差にすぎませんが、50歳～54歳では56％の開きが出てきます。もちろんこれは統計上の話ですので、一概に「高卒」「大卒」というくくり方で判断することはできませんが、現実としてそのような格差があるのだという事実は知っておいたほうがよいと思います。

また、今は2人に1人が大学に進学を卒業する時代です。そのような時代の中で、やりたい仕事が決まった人にとってはあえて、学歴が必要ない人生を積極的に選択するというのも一つの道ですが、今は中学生・高校生でもインターネット上の情報を通じてお金や格差に関心を持つ子もいます。このような情報を家庭内で共有し、そのうえで「大学には行きたい」と思ってもらえるのであれば、それも大学進学の立派な動機になるでしょう。

(9) 数値は厚生労働省「令和3年度　賃金構造基本統計調査」より

そして、不登校・中退を経験した人からも大学進学をしたい理由としてよく言われるのが、「『よい大学』に入って、『よい会社』に就職したい」という話です。では、「よい大学」「よい会社」とは一体どのような基準で決められるのでしょう？

偏差値の高い大学に入学できれば幸せになれるのでしょうか？

知名度の高い会社に入れば満足できるのでしょうか？

不登校・中退を経験した人たちには、「こうしなければいけない」という価値観にこだわりすぎて頑張りすぎてしまった人、人に合わせることで疲れてしまった人が多く見られます。そのため、大学進学の際も「こうしなければいけない」と親や周りの目を気にしすぎて自分の意思に反した決定をしたら、おそらくまた苦しくなってしまうでしょう。

そうならないためには、自分なりの基準で「よい大学」を見つけてほしいのです。将来なりたいものが決まっているのであれば、そこに近づけるような学びができる大学がその子にとっての「よい大学」になりますよね。将来どうするかはまだ分からないけれど、興味のあること・学びたい分野があるのなら、その学びに強い大学が「よい大学」になるでしょう。また、大学にはそれぞれの特色がありますので、在籍している学生の雰囲気に惹かれ「ここにいる人たちみたいに大学で過ごしたいな」と思うのであれば、それも「よい大学」かもしれません。そのうえで、大学進学を世間の価値感で決めるのではなく、お子さんに合った大学進学をしてほしいです。

同じようなケースでこんな話も時々耳にします。不登校になる前までは、親から「よい大学（＝入るのが難しい学校）に行かないとよい会社に就職できない。だから少しでもよい大学に合格できるように頑張って」と、難関大学に入ればバラ色の世界が待っているかのように言われていたのに、学校に通えなくなると突然態度が変わって、「自分に合った大学に進学して好きなことを勉強すればいいんだよ」と言うようになった。こんなとき、お子さんは突然の親の価値観の変化に戸惑ってしまいます。

親からすれば、本人の状況を理解し、少しでもつらさを和らげてあげようと思って態度を変えたのですが、その変化の理由が伝わらないと、「自分はもう期待されていないんだ」「見放された」と受け取ってしまうことにもなりかねません。それが幼いころから長い期間にわたって共有されてきた価値観なのであればなおさらです。もしも本人の意思を尊重することを伝えたいのであれば、なぜ親の価値観が変わったのかを本人に丁寧に説明してあげることが必要ですし、本人にとっての「よい大学」「よい会社」をどのような観点で考えるべきか、ご自身の言葉で説明してあげてほしいと思います。

また、将来のことを考えるという意味では、いわゆる一般的なルートから外れた経験というのが逆に活きてくるかもしれません。不登校・高校中退を経験している人に聞くと、家にいる時間に、「自分はどうしたいのか」「何をしたいのか」ということをじっくり考えられたという人もいます。そして、学校の流れから外れていたことにより、「みんなと同じように動かなければ」「こうしなければいけない」という思いから解放され、純粋に「自分がどうしたいのか」を考えることができたのだと思うのです。このように、「自分はどうしたいのか」ということを主体的に考える時間というのはこの先の人生でもなかなかないと思うので、ぜひ焦らずじっくりと将来のことを考えてほしいと思います。

大学は社会に出るための準備期間

大学へ行く目的を考えようとは言うものの、「それが分からないから困っている」という人も多いと思います。

でも、心配する必要はありません。「大学には行こうと思っているけれど、やりたいことが分からない」「自分の興味のある分野が分からない」という状態でも大学には行きたいという人はたくさんいます。

では、大学進学された保護者の方でも、「この職業に就きたい」「これを勉強したい」と思って大学進学された方はどれくらいいらっしゃるでしょうか。実は私自身も、今でこそ大学受験のサポートをしていますが、「こうなりたい」「この勉強がしたい！」という強いこだわりをもって大学に進んだわけではありませんでした。けれども結果として、大学での学びや人との出会いが今の自分の貴重な財産になっているので、大学に行くという選択をしてよかったと思っています。

そう考えると、大学進学は高校の延長線にある「社会に出るための準備期間」と捉えるのもよいかもしれません。特に不登校・高校中退を経験したお子さんですと、高校を卒業してすぐに社会の中に出て働いたり、専門学校で実習や課題など毎日びっしりとつまったカリキュラムの中で過ごすことに不安を持つ人が多いと思います。大学では時間割はある程度自由に決められるので、自分のペースで勉強もできます。その中で、体調管理をしながら規則正しい生活ができるようになったり、気の合う友達ができたり、さまざまな価値観を持つ人たちと出会ったり、サークルやアルバイトを経験したりと、不登校の間にできなかったことも大学4年間を通して経験できるでしょう。

また、授業についても専門性の高い授業もありますが、入学当初は専門を学ぶためのベースとなる教養科目が中心です。そのため、将来どうするのかをがっちり決めなくても、幅広い学びの中から自分の興味のあることを中心に学んでいく対象を決めるというのも可能です。

そうなると、むしろ、「体調に不安がある」「高校を卒業した後にやりたいことが分からない」という人こそ、大学を高校の延長線にある「社会に出る準備をする期間と場所」として進学を検討するのでもよいのではないかと思います。

興味のある分野は何だろう?

私としては、「どこの大学に入るか」以上に「大学で何を学ぶか」ということが非常に重要だと思っています。なぜなら、学ぶ学問にどのくらい興味が持てるかによって、大学での学びの姿勢が変わってくるからです。

専門分野を学ぶことは、好きなことを集中して勉強できる一方で、好きではない・興味が持てない分野だとなかなか意欲がわかないでしょう。逆に知識を得るということだけで言えば、必要になれば社会に出て仕事をしながらでも勉強することはできます。そうなると、大学でしかできない経験というのは、自分の興味関心のある分野の勉強を4年間かけて深く学ぶということだと思います。そして「4年間しっかりと自分で選んだ専門分野を学んだ」という経験を積めると、それが社会に出るときの一番の自信になりますので、その経験をきちんと積んでもらうためにも、学部選びというのも大切にしてもらいたいと思います。

■ 大学で学べる学問の内容一覧

文化を味わう	
文学	言葉の文化である作品を読むことを通じ人間の本質を探っていく
外国語学	コミュニケーションのための語学力を身につけるとともに国や地域に関する研究を行う
史・地理学	特定の時代や地域における人間の営みを探求し人間社会のあり方やまちづくりを考える
文化学	人間が作り上げてきた、国や地域により異なる多様性を持つ文化を総合的に研究する
芸術学	音、形、言葉など人間が作り上げた芸術的な表現について理論や技術、歴史を学ぶ
人間を知りたい	
哲・宗教学	哲学では生きることの根源について、宗教学では宗教の意義などについて考える
心理学	人間の行動や心の動きを科学的に分析し心の法則性を導き出す
教育学・教育養成系	教育を学問として研究する教育学と教員養成のための教員養成系に分かれる
児童学	幼児や児童の成長や発達を様々な角度から学び保育や教育に役立てる
人間科学	多様な側面を持つ人間を、既存の枠組みにとらわれず様々な角度から総合的・科学的に研究する
社会の仕組みを考える	
社会学	研究対象は幅広く、様々な視点から社会で生じる諸現象を調査・分析する
社会福祉学	高齢者や子ども、障がい者、生活困窮者などすべての人が人間らしく生きる方法を追求する
国際関係学	国境を越える地球規模の問題について多角的な視点でよりよい解決策を探る
法学	社会のルールについて学び、法的なものの見方を身につける
政治・政策学	政治学では様々な政治現象を分析し、政策学では課題解決のための政策立案などについて学ぶ
経済学	景気変動や物価上昇など経済現象のメカニズムを分析し、その理論を実社会に役立てる
経営・商学	成果を生み出すために経営学は組織の経営活動から、商学は商品の流通や消費から分析する
自然の原理を探る	
数学	理論を追求する純粋数学とその手法を用いて他分野への応用をめざす応用数学に分かれる
物理学	自然界で起きているさまざまな現象について普遍的な法則性を導き出す
化学	様々な物質の性質・構造を理解し、それがどのように変化するのかを研究する
生物学	地球上のあらゆる生物を対象に、生命現象のメカニズムを解明する
地球科学	地球を形成する物質、構造について学び、身近なようで謎の多い地球に対し科学的に迫る
技術を生み出す	
機械工学	機械が動く仕組みを学び、テクノロジーを統合・システム化し新たな機械や装置を生み出す
電気・電子工学	電気工学は電気をエネルギーとして、電子工学は電子を情報伝達の道具として学ぶ
通信・情報工学	人工知能やバーチャル・リアリティなど情報社会を支える技術について研究する
材料工学	材料の構造とその機能を工学的に解明し、物作りに適した材料を開発する
応用化学	化学の理論や知識を活用して生活に役立つ新しい物質を研究・開発する
生物工学	バイオテクノロジーとも呼ばれ生物の優れた機能を生かして産業や医療への応用をめざす
航空・宇宙工学	航空機やロケット、人工衛星や宇宙ステーションなどを研究・開発する
デザイン工学	工業製品のデザインと機能性を追求し、使いやすい安全な環境問題に配慮したデザインを開発する
土木・環境工学	道路や橋などの社会基盤の設計施工、維持管理を土木工学で学び自然環境との共生をも考える
建築学	建物の構造と設計・建築技術を学び安全で暮らしやすい建築物を創造していく
食料と環境を守る	
農学（生物生産系）	食料となる植物や動物の生産技術、家畜動物、水産物全般を学べる学科に分かれる
農学（応用生命系）	生物が持つ機能を研究し食と環境に生かす。生物学や生命化学とのつながりも強い
農学（環境系）	農業を取り巻く周辺環境の観点から研究し、農業工学、森林科学、農業経済学などの分野がある
環境学	環境と人間の共生をめざし 21 世紀の最重要課題である環境問題について様々な角度から取り組む
獣医学	動物の病気の診断や予防治療をはじめ、野生動物の保護管理なども扱う
健康に生きる	
医学	人体の仕組みや病気について学び、治療や予防に貢献する
歯学	歯の健康を体全体の問題としてとらえ、虫歯などの治療だけでなく予防医療や再生医療も研究する
薬学	薬など化学物質と人体の関わりを研究、薬剤師養成の 6 年制と研究人材育成の 4 年制に分かれる
看護学	すべての人を対象に、看護に必要な高度な技術と知識をもち体と心の健康をケアする
医療技術系	患者の症状を正確に把握し身体機能を回復するために必要な検査や治療の技術を研究・開発する
スポーツ・健康科学	競技能力の向上だけでなく、スポーツと健康を多様な観点から科学的に研究する
よりよい暮らしへ	
被服学	衣服について総合的に研究し素材、デザイン、製造に加え心理学や社会学に関連する研究も行う
食物・栄養学	食のスペシャリストをめざす。学科によっては管理栄養士の国家試験受験資格を取得できる
住居学	居住者の立場から見た快適な住空間を考え、実現する。インテリアなども研究対象に
生活科学	家庭生活や社会生活の向上を目的とし、「衣」「食」「住」を科学的に学ぶ

参考：「栄光めざしてジュニア」（河合塾・全国進学情報センター）

ここでは大学で学べる学問分野をくわしく一覧表にまとめました。幅広い学びの対象の中から、興味のありそうな分野をいろいろ探してみてください。

学部選びについては、実はみなさんあまり気にされていなかったかもしれません。よく相談でも「難関大学を目指したい」という希望はあるものの、それ以外の選択の基準が分からないという話を聞きます。私はそのようなとき「その大学ならどの学部や学科に行きたいのか」「興味のある学問は何なのか」などを聞くようにしています。すると、「機械に興味がある」とか「人の心について興味がある」などいろいろな回答が返ってきます。中には「数学は得意だけれど物理は苦手」というように、教科の得意不得意を含めた回答が戻ってくることもあります。そのような場合は、得意な科目を学びに活かせる学部や学科を提示すると、大学の学びに対して、より具体的なイメージがつかめてくるようです。

もし、興味のあることが分からない人は、得意な科目から選ぶのもいいでしょう。専門分野の勉強というのは、専門性が高まれば高まるほど内容もより高度なものになっていきます。得意な科目であれば大学に入ってから多少難しい内容になっても勉強を続けていけると思いますし、得意で勉強をしているうちに自分がもっと研究したいと思える分野を大学で見つけたという話もよく聞きます。

不登校の期間は全く勉強していないという人も、勉強を再開してからすぐに手をつけることができた教科などはないでしょうか？　おそらくそれが得意な科目ということになりますので、その科目に関する学部を調べてみるのもいいかもしれません。

学問に対してイメージがわかないという場合は、勉強以外のこともヒントになります。

２章の中で自信を回復する過程を通して、好きなこと・興味のあることに目を向けてほしいというお話をしました。例えばゲームが好きなのであれば、ゲームの何が好きなのかでいろいろなヒントが見つかります。ストーリーが好きなのであれば、表現や芸術が学べる表現学科・文学科というのがあります。映像が好きなのであれば、映像系の学科などがあり、最近は情報系の学部の中にゲーム作成のコースなどが多くの大学で設置されています。また、ユーチューブなどの動画を見るのが好きという人は、先にでている映像系の学科や画像系の学科などもいいかもしれません。

もちろん、多くの人はゲームや動画を見ることも気晴らしや時間つぶしの一つかと思いますので、無理に好きなこととして捉える必要はありません。大切なのは自分が何に興味があるのかというのを知ることですので、気軽に取り組めることの中で何か一つの手がかりを見つけてほしいと思います。

さて、ここまでは将来の希望や自分の興味、得意不得意などから大学での学びを考えてきました。しかし実際には、「大卒の資格は取りたいけれど、特に興味があるものは何もない」「特に就きたい職業があるわけではないので専門学校という選択はない」「まだ社会人にはなりたくない」といった消極的な理由で大学進学を選択する人がいることも確かです。

このような場合はあまりおすすめはしませんが、消去法で学びの対象を選択する方法もあります。例えば「理系科目は苦手」ということなら、文学部、法学部、経済学部といった文系の学部・学科が考えられますし、逆に「国語が苦手」ということなら、理学部、工学部、農学部、医療系学部といった理系の学部・学科などを選べるでしょう。積極的な学部・学科選びの姿勢とは言えないかもしれませんが、どうしても学びの対象が決められないという人は苦手分野を避けて学部・学科を考えてみましょう。

そして学部選びについても、「就職に有利そうだから」「こんなことを学んでも就職には役に立ちそうにない」など有利・不利という観点で選ぶのもあまりおすすめしません。なぜならば就職状況はその時々の社会情勢に左右されますし、今のような変化の激しい時代に何が役に立つのか、立たないのかを予測するのは難しいからです。また、不登校・高校中退を経験された方は自分の気持ちに反して、「みんなと同じように行動しなければいけない」「空気を読まなければいけない」といった学校の暗黙のルールの中で苦しくなってしまった人が多いと思いますので、大学や学部学科を選ぶときこそ「こうあるべき」でなく「こうしたい」という観点で選んでほしいと思います。大学中退の理由の中で多いのも学びの分野のミスマッチですので、きちんと大学を卒業するためにも、自分の興味の持てる学びの対象をよく考えて「これを学びたい」という気持ちで選ぶことが大切です。

受験においても大学名だけに憧れている子は、受験勉強の途中でモチベーションが途切れてしまうケースもよく見ます。ただ、「○○大学へ行きたい」という目標があるのはとてもよいことです。そのような場合は、行きたい大学の中で何を学びたいのかをもう一度確認し、ほかにもその学びができる自分の学力に合った大学があるか検討してほしいと思います。

それでは実際に学部選びの例をいくつか紹介していきます。

【学部選びの例】

・志望校から考える

早稲田大学へ行きたい

政治経済学部　法学部　文化構想学部　文学部　教育学部　商学部　基幹理工学部　創造理工学部　先進理工学部　社会科学部　人間科学部　スポーツ科学部　国際教養学部　早稲田大学には全部で13の学部があります。どの学部の学びに興味が持てそうでしょうか。それぞれの学部で学べること、その中で興味のある学問を調べて学びのイメージを明確にしましょう。

・得意科目から考える

国語が得意なので、その分野について学びを深めたい

文学部　など

国語も現代文、古文、漢文といったように分野が分かれています。どの分野に最も興味がありますか？　興味のある分野の中で自分の好きな作家や作品について考えてみましょう。現代文や古文が好きなら日本文学科、国文科、漢文が好きであれば中国文学系の学科で学ぶことができますよ。

・これまでの経験から考える

なぜ不登校になったのかを知りたい

心理学科　人間学科　教育学科　など

不登校の原因は一つではなく、さまざまな要素が絡んでいる場合がほとんどです。心理学科ではさまざまな心の動きについて学べますし、学校や教育という側面から学びたいなら教育学、身体の機能の部分なら人間学科などで学んだりと、「不登校」というキーワードだけでもあらゆる側面からアプローチできます。

・「役に立ちたい」という気持ちから考える

人の役に立つ仕事がしたいけれど、何をしたらよいか

医療系学科　社会福祉系学科　国際系学科　など

まず、どんな形で人の役に立ちたいのかを考えましょう。人の体や健康に関わるものであれば医療系がありますし、痛みを和らげたりする理学療法のようなアプローチも可能です。人々の暮らしをサポートする介護や福祉関係の資格が取得できる社会福祉系もあります。また、国際学科、国際協力学科など語学力を身につけ留学などを経験すれば、世界を舞台に活躍することも夢ではないかもしれません。

・やりたい仕事から考える

資格の取れる仕事に就きたい

医療系学科　建築系学科　栄養系学科　など

自分が将来やりたい仕事をするために何らかの資格が必要な場合は、その資格の取得につながる学部・学科を選びましょう。大学で取得できる資格はさまざまです。直接仕事につながるような資格の場合、例えば医療現場での職場体験などを通して資格の先にある仕事への理解を深めるとともに資格の先にある仕事への自分の適性についても考えていきましょう。

・「どう生きるべきか」ということから考える

「人間とは何か」と言ったことを深く考えてみたい

哲学科　など

「何のために生きるのか」「どのように生きるべきか」といった問いかけに対し、人間の根源的なあり方について考えます。信仰や倫理といった目に見えないものについても学問的に探究します。いう側面から学びたいなら教育学、身体の機能の部分なら人間学科などで学んだりと、「不登校」というキーワードだけでもあらゆる側面からアプローチできます。

志望校の選び方

興味のある分野が絞り込めたら、最後は志望校選びです。

まずは学びたいことを中心に考えて大学をリストアップし、志望校の候補を考えていきましょう。大学が違っても同じ学科名であれば基本的な学びはある程度は同じですが、大学によって強い分野やカリキュラムなどは違います。例えば、国際関係学部など国内外の問題に対して解決策を探る学部では、政治面からアプローチするか、経済面・文化面からアプローチというように、どの側面に重点を置くのかによって学びの中心が異なります。また、地域研究をする場合でも大学によって研究できる地域や、学べる言語も異なってきます。

大学の雰囲気も、キリスト教系の大学、仏教系の大学など宗教をバックボーンに持つ大学もあれば、専門学校を母体とする実践的教育を主に行う大学もあります。立地についても、都市部にある大学か郊外にある大学かでは、大学生活を過ごす環境だけでなく通学に要する時間も変わってきます。また、最近では専門職大学といって実務家教員を数多く揃え、特定の職業のプロフェッショナルになるために必要な実践的スキルを身につけることができる大学もありますので、自分に合う志望校をいろんな角度から検討してみてください。

それではここで、私が普段どのように志望校選びについてアドバイスをしているのかを紹介したいと思います。

はじめのうちは多くの子が「大学へ行きたいけど、どこにしようか迷っている」という状態なので、まずはどんなことに興味があるかを聞きます。そこで「文学に興味がある」という答えであれば、文学の中でもどの国の文学に興味があるのか、例えば日本文学なのか、英米文学なのか、あるいはそれ以外の国の文学なのかを聞きます。

日本文学ということであれば、古典文学と近代文学があるのでどの辺りの時代に興味があるのか、あるいは好きな作家がいるのかを聞いてみます。その結果、近代文学に興味がありそうだということが分かれば、近代文学が学べる大学はどんなところがあるかを調べます。そして、それぞれの大学のカリキュラムを見て設置科目を調べたり、ゼミや卒業研究のテーマを見ることで「この科目が面白そう！」「自分が好きな作家を研究をしているゼミがある！」ということが分かり、新たな興味の対象が見つかることもあります。このように「どんなことに興味がある？」ということを出発点とすれば、大学の偏差値だけでない、学びたい学問を基準にした大学選びができ、大学に入ってからの具体的な学びのイメージを作ることができるので、「この大学に入りたい！」という思いをより強くして受験対策にも臨めるのだと思います。

しかし、このように細かく大学の情報を調べるのは、ご家庭ではなかなか難しいと思います。そのため、お子さんがどんなことに興味があるのか、大学の情報をどのように集めているのかを話してみたり、必要に応じて保護者の方もお子さんと一緒に調べたりするのもよいでしょう。また、河合塾の大学入試情報サイト『河合塾 Kei-Net』でも大学の情報を公開していますので、ぜひご活用ください。

塾・予備校を、進路に関する情報を得る場所として使っていただくのも効果的です。通信制高校・サポート校の中でも大学進学に力を入れているところは、大学の資料が進路室に揃えてあったり先生が必要な情報を教えてくれたりもしますが、やはり塾・予備校は大学受験のサポートを専門としているので、大学や大学入試に関する情報が豊富にあります。もし在籍する学校では志望校選びに関する必要なアドバイスを受けられない、情報が不十分ということであれば、塾・予備校を進路情報を得る場所としても考えるとよいでしょう。

そして、志望校を選ぶ際一番おすすめしているのが、大学のオープンキャンパスに参加することです。オープンキャンパスはほとんどの大学で実施しており、実際にその大学の教員が参加者に対して模擬授業を行うこともあります。授業を受けると大学での学びに対するイメージがつかめるため、まだ志望学部が決まっていない高校1年生でも、気になる大学なら参加させてみるとよいでしょう。

またぜひ、オープンキャンパスには複数校参加してみてください。中学受験や高校受験を経験された方からも、第1志望校はよく調べたけれど、第2・第3志望校はよく調べずに受験してしまい、いざ入学してみたら雰囲気が合わなかったという話を聞きます。大学も同程度の入学難易度で同じ名前の学部でも、大学の雰囲気が全然違うということはよくあります。各大学の「キャンパスの雰囲気」というものは、実際に本人が体感してみないと分かりません。特に不登校・高校中退を経験した人にとっては「雰囲気が自分に合っている＝通いやすい」ということだと思いますので、大学は4年間通う場所ですから、その大学が合っているか自分の目で確かめることを大切にしてください。

そしてオープンキャンパスに参加して、自分がその大学で過ごす姿をイメージできれば、それも受験に向けたモチベーションになります。通信制高校、サポート校、高認予備校から大学へ行く場合、周囲の流れに惑わされないで済む反面、競い合いながらモチベーションを上げる機会がないため、自分の中でモチベーションを上げる工夫をすることが非常に大切です。「合格したらこの大学でこんな学生生活を過ごせるんだ！」と気持ちを高められるような大学を見つけられるといいですね。

自分のための大学進学をかなえる4つのステップ

ここまでで、不登校・高校中退から、どのようにして大学進学をするのか、分かりましたでしょうか。まとめとして、自分のための大学進学をかなえる4つのステップを見ておさらいしていきましょう。

1 自分の将来について考える

ここまでお話しした通り、大学進学は自分の望むような将来を実現するためのステップです。まずは本人が何をしたいのか、何になりたいのかを考えていきましょう。

大学卒業後のイメージがわかない場合は「社会に出るための準備期間」として考えるのもいいでしょう。大学は高校までと違って、自分の好きな科目について深く学ぶことができます。そして、一定の枠の中で自由にスケジュールや時間割を決めることができますので、時間を調整して自分の趣味を深めるのもよいでしょう。また、サークルやアルバイト、ゼミなどで多様な人と関わる中で、自分と異なる価値観を持つ人はもちろん、自分と似たような価値観の人と出会う機会もあるでしょう。学業はもちろんですが、旅行や留学などを経験をしながら、「自分はどのように社会に出るのか」を考え、それを実現するための期間にしてもらいたいと思います。

2　学部・学科を絞り込む

次に学部・学科選びです。就きたい職業や、理想とする将来がある場合は、そこに近づくための学びができる学部・学科を調べていきましょう。同じくらいの難易度で、同じ名前の学部・学科でも、大学によって学べる内容や取得できる資格が異なるケースがありますので、自分が目指す目標に合わせて調べてみてください。

今はまだ就きたい職業や自分の将来の姿が見えない場合は、好きな科目・得意な科目から考えてみましょう。学んでいて楽しいと思える科目があれば、それが大学での学びとどのようにつながっているのか調べてみてください。特に好きな科目がない場合は、ほかの教科より勉強が進めやすい科目から考えてみましょう。そのような科目は大学でも勉強が進めやすいので、得意な科目を勉強しながらそれに関連する専門分野を見つけていくのもよいでしょう。

ここでもポイントは自分にとって興味を持てる科目を選ぶことです。もちろん資格が取れるとか、就職に有利になるといった観点で選ぶことも可能です。しかし、不登校・高校中退の経験から再び自信を取り戻すことができたのは、自分の心に素直に向き合ってきたからではないでしょうか。自分が興味・関心のあることについて深く学んでいく姿勢を身につけることは専門的な知識を学ぶことと同じくらい大切ですし、同じ学びに対して興味を持った人が集まる学部・学科なら、互いにコミュニケーションがとりやすい環境だと思いますので、自分の興味・関心に素直に従って学びの対象を探してみてください。

3 大学を調べる

学部・学科が決まったら、次は大学選びです。大学は偏差値だけではなく、校風、施設、立地、学費などの面でさまざまな違いがあります。

たくさんあるからこそ、まずは幅広く大学の情報を調べてみてください。今はインターネット上に情報がたくさんありますので、はじめのうちは気負わず、気になるキーワードからどんどん調べて、必要であれば大学から大学案内などを取り寄せてみましょう。そしてある程度情報を集めていくうちに、「この学校はこんな特徴があるな」「この学校のこがいいな」と思える部分が出てくると思います。

また、大学の志望順位や大学の難易度、合格の可能性を考えるのは、もう少し後でもいいかもしれません。すでにお話をしている通り、不登校・中退経験者の子は「こうしたほうがいい」「こうすべき」という流れに乗ることよりも、自分の興味・関心のあることを優先して熱心に取り組む傾向が強いと思います。不登校で家にいた時間やゆとりのある時間の中で、好きなこと、嫌いなこと、得意なこと、苦手なことなどを見極め、自分を客観的に分析する力を身につけていると思いますので、じっくり自分と向き合う時間の中で培ってきた価値観に従って大学を選んでほしいと思います。

その中で、大学選びの際はどうしても大規模な有名大学に目を向けがちですが、知名度の高くない小規模の大学の中にも、少人数制を活かして就職まできめ細やかなサポートを行っている、学生相談室のシステムが充実しているといったところもあります。また、専門的な学びに入る前に高校での学習内容の学び直し授業や各学生の習熟度に合わせて英語のレベル分けを行う大学、学習サポート相談員のいる大学などもありますので、高校での学びに不安がある方などはその辺りを調べてみるのもよいかと思います。

4 志望大学を決める

そしていよいよ、志望大学の決め方です。まずはさまざまな観点から志望大学の候補となる大学をピックアップして、いくつか候補が挙がったら、

- **ぜひ行きたい憧れの大学**
- **今の自分の力で入れる大学**
- **確実に入れる大学**

この3つの軸で絞り込みましょう。

「ぜひ行きたい憧れの大学」は、現状では入るのがちょっと難しそうな大学でもよいのです。目標が高ければそれだけ頑張ろうという気持ちを高めることができますし、より有意義な時間が過ごせるでしょう。

「今の自分の力で入れる大学」は、ご本人にとっても入学するイメージが一番描きやすいのではないでしょうか。それぞれの大学で校風、立地、大学の雰囲気などが違うので、自分はその大学のどういう部分に惹かれるのかを考えながら、いくつか候補を挙げておくとよいでしょう。

「確実に入れる大学」は、「安全校」と言えるかもしれません。確実に合格できる大学があると思えると心に余裕ができますので、自分が学びたいことができる大学の中から1校くらいはそうした大学を見つけておくとよいでしょう。また、オープンキャンパスにも参加し、「この大学なら4年間通える」と思える大学を選んでください。

最後に少し、志望校選びと選抜方法についてお話ししておきます。

志望校を選ぶとき、「学力に自信がないので、一般選抜でなく総合型選抜か学校推薦型選抜で入れる大学にしたい」と言う方がいます。不安な気持ちは理解できますが、やはり「行きたい大学に行く」という意識を常に持ち続けてください。

「自分でも入れそうだからこの大学に入った」
「自分が入りたいからこの大学に入った」

このように並べてみると、2つの意味は全然違います。「入れそうだから」という理由だと自分の通っている大学に誇りが持てなかったり後悔の念があったりと自己肯定感を持てない状態になりかねませんので、それぞれの大学を比較しながら自分の学びたいことができる、自分の将来につながることが学べる大学を選んでいきましょう。

志望校選択は合格の可能性ばかりに捉われすぎる必要はありません。目標が大きければそれだけ本人も頑張ることができますし、仮に第一志望の大学に行けなかったとしても、「目標に向かって努力した」と言う経験は残ります。そのため志望校については、「本人が本当に行きたいと思えるところ」と言う意識を持って決めていただきたいと思います。

Column 3

コラム3 難関大に受かるにはどうしたらいいの？

難関大に合格するためには、幅広い知識はもちろんのこと、それぞれの知識につながりを持たせ、使いこなせるだけの学力が必要です。難関大に合格している人を見ると、明確な目的意識を持っていることに加え、自分の状況を客観的に把握し、その時々の状況に対応するための具体策を考え、必要な学力を培っていけるような学習習慣がきっちりと身についています。

不登校からどのようにして大学へ行くか相談に来られた人に「志望大学は？」と尋ねると、最近では「GMARCH以上」と答える人たちが増えています。ちなみにGMARCHとは、G（学習院）、M（明治）、A（青山学院）、R（立教）、C（中央）、H（法政）です。高校が大学の合格実績を出す際に、「早慶上智○人」、「GMARCH○人」といったように合格実績を競っていることにもよるのでしょうが、これらの大学では設置されている学部や学科も異なりますし、たとえ似たような名称であっても、大学ごとに特徴があります。

「難関大の学生」という、一種のブランドを身にまといたい気持ちは分かります。しかし、たとえ高級ブランドの服だからといって果たしてそれは本当に自分に合うのでしょうか。「難関大に行きたい」と言う人は全国にもたくさんいますし、名前を聞けば誰もが知っているような有名校を目標にするのはある意味では簡単です。もちろん難関大を目指すという目標や、チャレンジしていく姿勢自体はとてもよいものですが、それだけが目標だと受験を終えるまでモチベーションを保つのが難しくなってしまいます。特に、進学校と呼ばれる高校にいた人などでも、「かつての同級生たちがみんな難関大に進学しているから自分もこのレベルの大学には行かなければ」という思いや大学名への憧れだけでは、なかなか合格にたどりつくことができていません。なぜなら、合格に必要とされる学力と自分の現状の学力にギャップがあると、現実を直視することが怖くなってしまい、そこから目を背けたりしがちだからです。また、途中で伸び悩んだときに「それでもこの大学に行きたい」と踏ん張るのが難しい場合もあります。ですから、その大変さを乗り越えるためにも、やはり「難関大で何を学んでいきたいのか」という学ぶ目的を明確にしてほしいと思います。

Column 3

もし、本当に「難関大へ行きたい」という思いを実現したいのであれば、まず、行きたいと思う難関大のどの学部や学科で自分の学びたいことが学べるのか、カリキュラムやゼミ・研究室も調べて、先生の専門分野がどのようなものなのか、卒論のテーマがどのようなものなのか、といったことも調べてみましょう。そのうえで、この大学のこの学科ならこれが学べる、別の大学では同じ研究室はないけれど同じような興味のあるテーマがこの大学や学部・学科で学べる、というように、大学の名前だけでなく「学べること」をカギにしてそれぞれの大学について調べ、自分なりの志望理由が持てるとよいと思います。

学びの目的を見つけるには、オープンキャンパスなどを利用してみるとよいでしょう。実際にキャンパスに足を運び、1年後、あるいは数年後に自分がその場所で楽しい大学生活を過ごすことをイメージできれば、それをモチベーションに勉強を進めていけるかと思います。

もう一つ、難関大を目指す場合は、「学習習慣の定着」というのがキーワードです。

大学の選抜方式には学科試験中心の一般選抜に加え、総合型選抜、学校推薦型選抜という3つの入試方式が用意されていますが、難関大受験の場合、付属高校からの推薦以外は、一般選抜での募集定員が多くなっていますので、基本的には一般選抜が最も門戸が開かれている選抜だということを覚えておいてください。また、入学難易度の高い大学は、大学に入ってからも高いレベルの学力が求められますので、総合型選抜や学校推薦型選抜のような学力中心ではない評価方式で受験する場合でも、入学後に向けて準備する意味でしっかりと勉強を進めていくようにしてください。

高い学力を養うためには勉強の「質」はもちろん、「量」も必要です。最近は効率のよい勉強法などに関する情報があふれていることもあって、はじめから効率の良い勉強法で学習を進めようとする人もいますが、それは中学校や高校で学ぶ内容を理解し、必要な知識を身につけていることが前提です。特に、不登校の時期が長かった人の場合は、中学校や高校の低学年で学ぶ内容が身についていないケースも多く見られますので、効率を求める前にまずは自分の理解できているところとそうでないところを確認し、それを克服するための学習の「量」が足りているかを確認しましょう。学校生活は送っていなくても、それぞれの学年で必要とされる学力を身につけておくと、大学進学に向けての勉強もス

Column 3

ムーズに進められると思います。

難関大の入試では、複数の分野にまたがる融合問題が出題されることも多くなっています。このため、難関大を目指す場合は、さまざまな知識を関連づけて定着させていく作業が必要になりますので、塾なども利用して知識を関連させながら勉強し、問題演習に取り組むとよいでしょう。自宅で勉強する際も問題を解きながら知識がどのようにつながっているのかを、考えながら進めていきましょう。

そして、伴走者である保護者ができることは、大学に行く目的を明らかにして一緒に受験に向かっていくことだと思います。本人が「難関大に行きたい」という思いを持っているのであれば、その大学で何が学びたいのか、どんな学部・学科なら興味が持てそうかを聞いてみてください。学力を高める環境が整い、さらに大学入学後の学びに対する具体的なイメージが持てると、勉強するモチベーションが途切れることはないと思います。

第5章　悩みに答えるQ&A

Ｑ　長年不登校だけど、本当に大学へ行ける？

Ａ　行けます
まずは今の自分の学力を把握し、大学受験に向けてプランを立てましょう

保護者の方が一番気にされているのは、「こんな状態で大学に進学できるのか」「どうやったら大学進学までたどりつけるのか」ということではないでしょうか。

不登校から大学進学を目指す際にまず大切なのは、お子さんの現在の学力と大学合格までの距離を測ることです。そのため、はじめはそれぞれの教科について、どこまで理解できていてどこからできていないのかを遡って考えてみることが最初のスタートになると思います。

例えば、コスモに通われている方々を見ると、教科によってできる、できないがあるだけでなく、一つの教科の中にも自分が学校に通えなかった時期に授業が進んでいたこの分野が分からない、というように教科の中でもムラがあることもあります。まずはそうした状況を正確に把握することを意識して、日々の高校の勉強に取り組むとよいでしょう。また、高校の勉強は基本的な学力をつけるものなので、より客観的に自分の学力を把握するためには、予備校などが実施している模擬試験を受験してみるのも一つの方法です。

その中で学校に通えていない状態は同じだとしても、学習の進捗状況は一人ひとり異なっていると思います。例えば、中学校にまったく通っていない人、中学受験までは勉強できたけれどそれ以後できていない人、高校に入学してから勉強できていない人など、それぞれの状況によって今後の対応は異なってきます。

いわゆる進学校と呼ばれる学校に高校受験で入学した方の場合は、その高校を受験する段階で中学校の学習の総まとめをひと通り行っていると思います。一度は中学校の学習内容を身につけているはずですから、主に高校に入ってからの勉強を復習していくのがよいでしょう。

中学時代に不登校になってしまった方は、高校での学習以前に中学校の学習内容が身についていないことも考えられますので、その点も確実に復習していくとよいでしょう。

そして、大学を受験するためには、高校までの学習範囲を終えることが前提ですので、まずは現時点でご本人が高校で学ぶべき内容のどこまでを終えているのかを確認しましょう。大学受験本番までに残された時間は個人によって異なると思いますが、大学受験をする年度の12月を目途に、ひと通りの範囲を終えることを目標にするとよいでしょう。例えば、数学などは科目ごとの単元、日本史などであればどの時代まで、といったように、それぞれをいつまで終えるのかを考えてみるとよいでしょう。英語であればまず英検の準2級（高校中級程度）合格レベルを目指し、そして高校卒業程度となる2級を目指して学習を進めていくのも一つの方法です。

大学進学を果たすためには、目標達成に向けたプランを長いスパンで考えていくことが必要になります。中学受験や高校受験を経験してきた人は、試験に向けて知識を身につけたり自分で考えたりといった作業をしながら、限られた時間の中でいつまでに何をやったらよいのかということを無意識のうちに考えてきたのではないでしょうか。それをぜひ思い出して大学受験までの具体的なプランニングをしていきましょう。

Q　大学へ行きたいという思いはあるけれど、なかなか勉強に手がつけられません

A　行きたい大学について、もう一度しっかり調べてみよう

大学受験勉強になかなか取り組めない理由は「大学に進学することが自分の将来につながっていく」と実感できていないからかもしれません。

特に明確な目的がないと物事に向かうことができない、学びたいことがはっきりしないと動き出せない、物事を○か×かで判断してしまう、といった性格のお子さんにとっては、「こ

んなことに興味がある」「こんなことを大学で学びたい」と思えないと、本格的に受験勉強に向き合うことはなかなか難しいでしょう。

また、中学受験のときのように保護者の方の「この学校に受かってほしい」という期待に応えようとしているケースもあります。ただ、小学生のころと違ってすぐに成績のアップにはつながらず、合格への道のりがまだ遠い現状では、親の喜ぶ顔も見ることができず、モチベーションが保てないということもあります。

やる気が出ない状態が続いているなら、大学で何を学びたいのか、入学したら何をしたいのかというのを目的をもう一度調べ直して、明確にするとよいでしょう。

例えば英語が好き・得意という場合は、言語としての英語に興味があるのか、英語圏の国々の文化や政治・経済などに興味があるのか、いろんな人と英語でコミュニケーションをとりたいのかなど、英語のどんなところに興味があるのかを考えてみるのです。言語としての英語に興味があるなら外国語学部の英語学科などでもよいでしょう。また、小説の世界で描かれる文化や、国の情勢などに興味があるなら、英米文化学科や国際関係学科で英語圏の国々について学ぶことができます。そして、英語を話せるようになりたいのなら、カリキュラムにオーラルコミュニケーションに関する科目が豊富に設置されている大学や、外国人講師や留学生が多く、学内で英語を使う環境が整っていたり留学が必須とされている大学を選ぶのもよいかもしれません。

ここまで細かく調べてみると、大学でどのようなことが学べるのか、どのように学びを深めていくのか、大学生活をどのように過ごしていくのかといったことが、かなり具体的にイメージできます。好きなことを存分に学び、キャンパスライフを楽しく過ごしている自分の姿を思い描くことができれば、それは受験勉強に取り組む最も大きなモチベーションになると思います。

そして「大学で何を学ぶのか」を意識することは、自分の意思で進路を選択をするということにつながってくると思います。例えば、全日制高校の進学校のような一般的なルートから大学進学を目指す子の多くは、周りの子たちと同じように「偏差値が高いところ＝よい大学＝安定した就職ができる」という価値観のもと、「よい大学」に入ることを目的に決まった流れの中で何の疑問を感じることなく勉強を進めることができる人がたくさんいます。一方で不登校になったり、高校を中退してしまった子の場合は、そのような流れに乗ることに疲れてしまっています。その姿を見て、「（特に中学受験をした方の場合は）入る学校を間違えた」「高校選びに失敗した」と考えてしまうのかと思いますが、お子さんが本当に興味のあることを見つけるためのよい機会だと捉えるとよいのではないでしょうか。何より、ご本人が本当に学びたいことを学ぶために、多少の困難が待ち受けていとしても、それを乗り越えて目標に向かって頑張り続けることが一番成長につながるのだと思います。

また、今は保護者の方々が大学生だった時代に比べると、学べる内容の範囲が大きく広がっています。最近でいうと莫大かつ多様なデータを活用し、新たな価値を生み出すための学際研究であるデータサイエンスのような新たな学問領域も誕生しています。新しい領域は社会のニーズに応えて生まれてきますので、もしかすると今受験する子にとってより興味の持てる領域かもしれません。インターネットでも詳しく情報を調べることはできますが、各出版社や予備校から発行されている「大学・学部・学科紹介」などにも新しい学部の情報や特集記事が掲載されていますので、参考にしてみてください。

Q　どの入試方法を選べばよいのか分かりません

A　自分と入試方法の「相性」を考えてみよう

大学進学について前向きに考えられるようになっても、不登校・中退を経験された方の中にはこれまでの学習量の不足などを気にされて「できるだけ負担の少ない方法で受験したい」と考える方がいます。

その気持ちは分かりますが、入試方法はあくまでも「行きたい大学へ行くための手段」です。そのため、「この入試方法なら受かりそうだから○○大学を選ぶ」という理由で大学を選択するのではなく、行きたい大学へ行くためには、自分にとってどのような選抜方式が一番合っているのかを考えてほしいと思います。

第3章で述べたように、大学の入試方式には「総合型選抜」「学校推薦型選抜」「一般選抜」の3種類があります。それぞれの入試方式の特徴を理解したうえで、自分の個性が活かせるものはどれなのか、自分にとって一番チャレンジしやすそうな方式はどれか考えてみてください。

その中でどうしても教科の勉強に不安がある人は、学力評価が中心ではない「総合型選抜」での受験を考えてみるとよいでしょう。アルバイトやボランティア活動、趣味、留学経験など、高校外でのさまざまな活動が評価されますので、「これはぜひアピールしたい」というものがあれば、チャレンジしてみる価値はあります。

現在高校に在籍していて、高校内の活動に積極的に参加している人に向いているのが「学校推薦型選抜」です。例えば在籍している学校がお子さんに合っていて、新たな環境の中でいきいきと過ごせるようになれば、こうした入試方法も視野に入ってくると思います。

そして体調が整わずあまり外に出られなかったり、人とのコミュニケーションが苦手だったりする人にとってチャレンジしやすいのが一般選抜です。総合型選抜や学校推薦型選抜と違って、一般選抜では面接が行われるケースは少ないので、人と話すのが苦手という人でも心配ありません。また、評定平均値や欠席日数も問われないので、高校で不登校になってしまった場合でも、気にする必要はありません。たった1回の学科試験だけで合否が決まることにプレッシャーを感じる人も多いようですが、最近は同一大学の同一学科の試験を複数の日程で実施している大学が多いので、志望する大学の学部・学科に複数回受験することも可能です。

まだ高1・高2の方々にとっては受験を意識して学習をスタートした時点の学力で選抜方法を決める必要はありませんので、「これを学びたい」「この大学に行きたい」という気持ちを受験勉強のエネルギーにしてほしいと思います。

Q 一般選抜で学科試験を受ける自信がありません

A 模擬試験をうまく活用して自分の状態を正確に把握しよう

通信制高校・サポート校などに在籍されている方々のうち、模擬試験を受験している人は必ずしも多いとはいえないでしょう。
それは模擬試験の受験機会が校内で多くは行われないというのも原因だと思います。
大学進学を目指す全日制高校、特に国公立大学や難関私大を受験する人の多い高校では、高校を通じて模擬試験を申し込むため、同級生と一緒に校内や外部会場で模擬試験を受ける機会が数多くあります。一方、通信制高校・サポート校の場合は、全員が毎日通っているわけではありませんので、学校単位で模擬試験を何回も受けられるところは多くありません。そのため、ほとんどは通っている塾・予備校を通じて申し込むか、自分で各予備校などが実施する模擬試験に申し込まなければいけません。そうなると、自分から模擬試験に関する情報を積極的に収集し、模擬試験を受けるスケジュールを組み立て、そのうえで知らない人たちがたくさんいる会場で模擬試験を受けることになるので、これはお子さんにとってなかなかハードルが高いようです。

また、模擬試験を受験して自分の現状に向き合うということも同様にハードルが高いようです。おそらく、自分の実力を正確に把握する必要性は感じながらも、志望大学への合格可能性が分かってしまうのが怖いという気持ちもあるのでしょう。特に自信が回復しきれていない段階では、模擬試験受験までなかなかたどり着けない子も多くいるようです。

実は、模擬試験は合格可能性を測るためだけのものではなく、「何ができているか」「何ができていないか」を具体的に把握し、行き先を知るための地図のようなものです。学習を効率的に進めていくためには、自分の現状を正確に把握し、弱点を克服しながら志望大学で求められる学力に近づけていくことが大切ですので、模擬試験はそのために大いに役立ちます。成績表や答案の返却後に見直すと自分が学習を進めてきたことが成果として現れているのかを確認することができますから、積極的に活用してほしいと思います。「結果がよくなかったら自信を失いそう」という人は、自分の心身の状態に合わせて模擬試験を受験する時期を決め、そこに向かって学習を進めていくという使い方も一つの方法です。

特に通信制高校・サポート校の場合は、卒業に必要な勉強は基礎的な内容にとどまっているだけに、大学受験に照準を合わせた難易度の高い問題に取り組む機会を自分から設けることが必要です。難関大学への受験を考えている方は、求められる学力のレベルを知るためにも、なるべく早いうちから模擬試験にチャレンジしてみるとよいと思います。その中でどうしても試験会場まで行くのが難しい場合は、模擬試験を申し込んでおいて後で問題を入手し、自分で問題を解いて解答と照合するということも可能です。マーク式の試験であれば自己採点することもできますので、自分のその時々の状況に合わせつつ、できるだけ模擬試験に挑戦する姿勢を持つようにしましょう。

また、「模擬試験を受けたい」と思っても、いつ模擬試験を行っているのか分からないという人もいますので、参考までに河合塾が実施している全国規模の模擬試験のスケジュールを表にまとめました。予備校などの模擬試験は学年別に用意されています。自分の学年に応じた模擬試験を受験してみると、自分の弱点を把握できるだけでなく、同じ大学を志望している人と自分の状況を比較することもできますので、ホームページで予定を確認するなどしてぜひ積極的にチャレンジしてみてください。

そして、模擬試験が返ってきたら「どこができて、どこができていないのか」という分析をするよう本人に促してみてください。特に、できなかったところについては、「学習を進めていたのにできなかったのか」、「まだ学習していない範囲だからできなかったのか」をきちんと把握することが大切です。学習を進めていたのにできなかったのであれば、模擬試験の解答・解説をよく読んで理解し直し、そのうえで時間をおいてもう一度解き直すと、知識が定着します。そして、まだ手をつけていない範囲だからできなかったところは、知識を先取りするつもりで解答・解説を読んで理解できるとよいでしょう。そして、その範囲の学習が終わってから問題を解き、正解できればそれでＯＫです。

■ 河合塾の模擬試験スケジュール（※1）

日　程	模擬試験名称
4月 〜 5月	第1回　全統高1模試 第1回　全統高2模試 第1回　全統共通テスト模試 第1回　全統記述模試
7月 〜 8月	第2回　全統高1模試 第2回　全統高2模試 第2回　全統共通テスト模試 第2回　全統記述模試
8月 〜	全国難関10大学（※2）プレオープン 早慶レベル模試
10月	第3回　全統高1模試 第3回　全統高2模試 第3回　全統共通テスト模試 第3回　全統記述模試
11月	プレ共通テスト模試
1月 〜 2月	第4回　全統高1模試 全統共通テスト高2模試 全統記述高2模試

※1 スケジュールは年度によって前後する場合があります
※2 東大／京大／名大／東北大／北大／大阪大／九州大／東工大／一橋大／神戸大

また、保護者の方も、模擬試験の結果や合格の可能性だけを見て一喜一憂しないようにしてください。模擬試験を受験し、現実と向き合えるようになっただけでも、お子さんにとっては大きな進歩ですから、まずはできた部分を大いに評価してあげることが大切です。同時に、できなかった部分があればそのことを責めるのではなく、なぜできなかったのか、今後どのように克服していくのかを冷静に分析してください。保護者の方も一緒に今後の対策を考えていく姿勢を示すことで、お子さんも落ち込むことなく大学受験に向かえると思います。また、模擬試験を受験したのに本人が成績を見せないようであれば、無理に詮索しないこと。そして、自分で成績状況を分析したり解説を読んで解き直すことだけは本人に伝えてあげてください。

Q 体調が回復しないまま、大学受験の時期を迎えてしまいそう

A 焦らず、体調を整えることを優先しよう

高校生になってから不登校になった人、特に高2・高3から不登校になった人の場合は、受験年齢となる高3年齢の時期までに体調を整えるのに時間がかかり、受験本番で力を十分発揮できるまでには回復できそうにないというケースもあります。このような場合は、まずは焦らずに基本的な生活習慣を整えることを優先しましょう。就寝と起床の時間を

一定にさせる、朝昼夜の食事をしっかりとる、というように生活のリズムを整えることが大切です。

その中でもおすすめしているのが、「毎日決まった場所へ行く」ことです。体と心がアンバランスな状態だとなかなか外へ出るモチベーションが上がらないかもしれませんが、一度でもひきこもったりしてしまうと、そこからまた動き出すのは大変です。そのため、できる限り「安心して過ごせる場所に行く」ということだけは続けてほしいと思います。

そして、短い時間でもよいので自分が集中できる時間だけ勉強を続けてください。体調があまりよくないときは無理をしない範囲で苦手意識の薄い科目を勉強するというのだけでも続けられると、体調ややる気がまた戻ってきたときに、受験に必要な科目の勉強を再開する、という流れにできやすいかと思います。

それでも、もしどうしても現役で受験することが難しそうな場合は、高校卒業後にもう1年間受験に備える=浪人するということも考えられるのかと思います。

また、受験はしたけれど「力が出し切れなかった」と本人が納得していないのであれば、1年後に再度大学受験にチャレンジするというのも一つです。特に体調が整わないまま受験せざるを得なかった人は不本意だと思いますので、本人が納得して大学へ行ける道を一緒に考えていただければと思います。

ただ、実際に浪人するとなると、どのような生活になるのか具体的なイメージがわかない人もいると思います。今は現役で進学する方も多く、周りに浪人する人が少ないとどのように過ごすのか分からないと思いますので、参考までに河合塾大学受験科での浪人生のスケジュールを紹介しておきます。

大学受験科という高卒生のコースでは、朝9時から授業がスタートし、午前中に必須科目、午後に選択科目を受講し、空いている時間に自習をする、というイメージです。予備校に通って浪人するとなると、朝から晩まで勉強している印象があるかもしれませんが、実際に授業を受けている時間はそれほど多いわけではありません。授業に加え授業の予習、復習など自分で自習する時間があるので、1日の学習時間はある程度自分でコントロールできます。

■ 河合塾 大学受験科のスケジュール例

日	月	火	水	木	金	土
自習	▶9:00〜 必須科目 ▶13:00〜 選択科目	▶9:00〜 必須科目 ▶13:00〜 選択科目	▶9:00〜 必須科目 ▶13:00〜	▶9:00〜 必須科目 ▶13:00〜 選択科目	▶9:00〜 必須科目 ▶13:00〜 選択科目	自習

■ 河合塾コスモのスケジュール例

日	月	火	水	木	金	土
自習	▶15:00〜 数学Ⅰ A	▶10:50〜 化学理論 ▶13:10〜 数学Ⅲ	▶13:10〜 数学Ⅰ A① ▶15:00〜 化学有機無機	▶13:10〜 ゼミ※ ▶15:00〜 英文法応用	▶10:50〜 数学Ⅰ B① ▶13:10〜 英語総合応用	▶13:10〜 数Ⅱ B①

ただし、大学受験予備校は全日制高校での学習を終えていることを前提としているところが多く、通信制高校の卒業に必要なレベルの学習ではついていけないケースもよく見られます。そこで、私ども河合塾コスモのように、高校の基礎から学び直しができる塾で学習を進めていくのもよいと思います。

河合塾コスモでは朝9時からの授業は少なく、2時間目（10時50分開始）から午後にかけて授業が多く設置されています。また、ひたすら勉強するだけの環境ではモチベーションを保てませんので、美術・演劇・陶芸・調理・スポーツなど勉強以外の興味のあることに取り組みながら楽しく学び、友達づくりもできる「ゼミ※」や「サークル」も設置しています。

不登校・高校中退の子が、受験を最後まで走り抜けるために非常に大切なのが、心身の調子を整えることです。そのためには勉強以外にも、好きなことをして楽しんだり、人とのつながりを感じられたりする時間を少しでも持てるほうが、生活にもメリハリが出てモチベーションを保つことができます。そのため、浪人をするとなったときでも、学習面だけでなくそうした面にも配慮し、過ごしやすいと思える環境を選ぶとよいでしょう。

Q　行きたい大学があるけれど、今の自分の学力では難しい

A　「学びたいこと」は譲らず、志望校の難易度を下げることも検討しよう

大学受験を迎える高校3年生になると、精神的にもプレッシャーがかかってきます。これは不登校・中退を経験した方々の場合も、全日制高校から大学受験を目指す生徒さんたちの場合も同じですので、受験生に共通した心理と言えるでしょう。

一般入試で大学を受験する場合、特に大きなプレッシャーがかかるのが夏休み明けです。共通テストまで4カ月あまりとなり、ここから受験する大学を絞り込み、志望大学の過去問などに取り組んだり模擬試験を受けたりするなど、受験対策もより本格化してきます。その過程で自分の状態と合格するために必要な学力、その2つを照らし合わせると、どの大学が現実的に合格可能なのかが分かってきます。もしも、それまでに志望していた大学に合格するのは難しそう、というような場合は、残された時間と、自分がこなすべき課題の克服に必要な時間を考え、志望大学を再検討するという現実的な問題と向き合わなければなりません。

その中で、合格可能性は低くても、何が何でも第一志望校は変えないと決めた場合は、何をやっていったらよいでしょうか。まずは過去の入試問題を見て、問題の難易度、出題範囲、頻出分野、特徴的な出題形式、解答は記述式かマーク式か、試験時間と問題量のバランスはどうなのか、といったことをチェックしてみましょう。そのうえで、実際の試験時間と同じ時間まず1科目解いてみるとよいと思います。特徴的な出題傾向のある大学は、その大学に的を絞った予備校の講習などを利用してポイントを押さえておくのもよいでしょう。

一方、志望校を再検討する場合は、自分の学力で「行けそうな大学」を探すことになります。単にそれまでの志望校より難易度の低い大学や合格可能性の高い大学を選べばよいと思われがちですが、それだけではありません。もちろん、難易度や合格可能性は重要なポイントではあるものの、やはりここでも「自分が学びたいことが学べるか」をカギにして大学を探してください。第4章でも述べたように、ただ「入れそうだから」と言う理由だけで安易に選んでしまうと入学後に後悔することになりかねないからです。情報収集をしっかり行って、「ここなら行きたい」と思える大学を選びましょう。

また、これまで第一志望校の受験科目に合わせて学習をしてきたと思いますので、志望校を変える場合も、今までの学習科目・範囲で受験できるところを選んだほうがよいでしょう。ただし、これまで理科は2科目勉強してきたけれど、負担があまりに大きく、それが全体の足を引っ張っているというような場合は、思い切ってその科目の勉強をやめるという判断も必要かもしれません。より少ない科目負担で受験できる大学を選ぶことによって、合格可能性も高まってくると思います。そして、候補となる大学をある程度絞り込んだら、実際にキャンパスに足を運び、雰囲気をつかんでおくとよいでしょう。

大学進学は社会に出る前の最後のステップです。この4年間、自分に合った環境で学びたいことを学ぶことは、自信を持って社会に出るために一番大切なことです。その経験を得るためにも、まず本人の意思で大学進学を決めて、自分で行きたい大学を選びましょう。そして、どのような選択をするかは本人次第ですが、保護者の方々には最後まで伴走してもらいたいと思います。

では、大学受験に向かうお子さんのために保護者の方々ができることは何でしょうか。

まずは、本人のこれまでの苦しさを理解してあげることです。不登校・高校中退に至るまでの過程は、本人にとってとても苦しいものだったと思います。頑張っているにも関わらず、以前は余裕を持ってできていたことができなくなってしまった。また、日々の中でも成功体験を得られず、自己肯定感が低下している。さらに、大学進学が当たり前の環境の中で、流れに乗ってさえいればスムーズに大学受験に対応できるルートから外れてしまい、どうしていったらよいかわからない。こうしたさまざまなつらさや不安があるはずです。

もちろん、保護者の方も、大学進学が当然だと思っていたルートからお子さんが外れてしまったことで、つらく、混乱したと思います。けれども、何よりもまず本人に対する共感が前提にないと、お子さんが保護者の方々に心を開くことはありません。そして、本音のところで何を考えているのか分からない状況では先に進むことができず、望む結果も得られないでしょう。ですから、お子さんが壁にぶつかったときこそ、その苦しさを理解し、大変さを認めてあげてほしいと思います。

そのうえで、「昔はこうだったのに」といった、保護者の方々が知っている以前のお子さんの様子や、「こうなってほしい」という姿にこだわらず、今の本人を受け入れ、その意思を尊重し、お子さん自身が選択する道に理解を示してあげることが必要ではないでしょうか。

ただし、本人は社会経験も少ないですから、これまでの限られた狭い範囲の中で得た情報に基づいて考え、結論を出している場合もあるかもしれません。そのときはもう少し大局的な視野に基づいた考え方を伝えたり、さまざまな情報や選択肢を分かりやすい形で示してあげてください。コミュニケーションをとりながら、最終的に本人が選択・決定しやすい形を作ってあげることが必要だと思います。

お子さんに最も近い存在だからこそ、保護者の方々が思うところはたくさんあるでしょう。もちろん、結果を求める気持ちも分かります。しかし、お子さんは全く動けなくなってしまった状態から大学受験に向かえるようになり、今まさに自分が目指したい道をかなえようとしています。実はここまで来られたことだけでも、十分素晴らしいことではないでしょうか。

ぜひ、少しずつ変わってきているご本人の状況を認め、頑張ってきた本人の努力を評価してあげてください。そして、これからも受験に向かうお子さんにとっての最大の理解者であってほしいと思います。

あとがき

大学受験は「自分自身との闘い」という側面もありますが、入学できる人数が決まっており、成績の良い順に入学が許可されるという「競争の世界」です。

私が接してきたお子さんは、そうした競争に疲れ、以前はできたはずのことでも思うような成果を上げられなくなってしまった結果、自分に対する自信を失い、かつての元気な自分とは変わってしまった今の自分を受け止められずにいる人が多いような気がします。学校に行けなくなってしまったのも、生真面目で手を抜くことができずすべてに全力投球してしまうがゆえに疲れてしまったからなのです。

そんなお子さんを、親は傍らで一生懸命励まそうとします。例えば、「あなたは頑張ればできる」「お兄さんやお姉さんができたのだから、あなただってできるはず」「お父さんやお母さんだってそうやってきたんだから」といったように。けれども、お子さんの可能性を認め、自信を持たせるつもりで口にしている言葉が、実はお子さんをさらに苦しくさせているのかもしれません。

たとえ家族だからといって、同じようにできるわけではないんだ。感じることも価値観も違うんだ。もしかしたらお子さんは、そんな違和感を抱いているかもしれません。

本文の中でも述べてきたことではありますが、お子さんにとって家族、特に親の存在は大切です。そして、自分のことを一番認めてほしい相手です。例えば中学受験をする小学生は、もしかしたら親が喜ぶ姿を見て、「親に認められる自分」を喜んでいるのかもしれません。誰かに認められたいという気持ちは、いくつであろうと誰でも持っていると思いますが、子どもにとって認められたい相手は、やはり一番身近な存在である親ではないでしょうか。ですから大切なのは、まず彼らの今の苦しみに耳を傾け、受け止め、共感することです。そのうえでお子さんの小さな変化を評価してあげてほしいと思います。

お子さんとどのように関わっていけばよいのかは、それぞれの親子関係にもよりますので一概には言えませんが、過干渉はしないけれど決して無関心ではないという「適度な距離感」をもって、お子さんを後ろから見守ってあげてほしいですね。

そしてもう一つ、保護者の方にぜひお伝えしたいのは、お子さんのことだけにかかりきりになるのではなく、ご自身も毎日を楽しみ、自らの人生を生きていただきたいということです。親が生き生きと日々を過ごしている姿を見ることで、安心するお子さんは多いようです。こういう大人になるのも悪くないな、と子どもに思ってもらえるような生き方をすることも、親としての大切な役割かもしれません。

大学を卒業し予備校に就職して以来、今日までさまざまな生徒さんたちと関わってきました。そしてその中でたくさんのことを学ばせてもらいました。特に、今のコスモの生徒さんたちとの関わりを通して得た経験は、自分にとって得難いものです。このような経験を学びリンクの編集の方にまとめていただき、私からもいろいろとわがままを言わせてもらいながら、ようやく自分の文章として形にすることができました。今までの自分の仕事を振り返る貴重な機会を与えてくださった編集部の方々、サポートしてくれた方々に心より感謝いたします。そして、私の拙い文章を最後まで読んでくださった読者の皆様、どうもありがとうございました。この本が少しでも皆様のお役に立つことを願っています。

不登校からの大学受験

2023年 1月 24日　初版第1刷発行

著　者　　平野 稔

発行者　　山口 教雄
発行所　　学びリンク株式会社
〒102-0076 東京都千代田区五番町 10番地 2F

電話:03-5226-5256　FAX:03-5226-5257
ホームページ:https://manabilink.co.jp/
ポータルサイト:https://www.stepup-school.net/

印刷・製本　　株式会社 シナノパブリッシング プレス

表紙イラスト・本文デザイン　藤島 美音

ISBN 978-4-908555-61-9